日本全国で1年間に出るごみの量

 1人当たりが1日

4500万t

東京ドーム**121ぱい**(2013年)

289L

2Lのペットボトル**144.5本** (2010年)

 生ごみ1tを燃やすのに必要な
燃料(灯油)の量

 日本が1年に排出する
温室効果ガスの量

94.2L

2Lのペットボトル**47.1本**

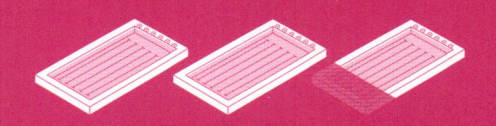

13億6500万t

25mプールで**280万ばい** (2014年)

 日本の紙の生産量

牛肉1kgを生産するのに
必要な水の量

2647万9000t

A4判コピー用紙**662万枚** (2014年)

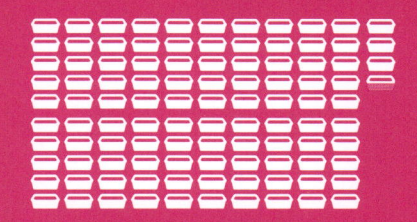

2万700L

ふろおけ (200L) **103.5はい**

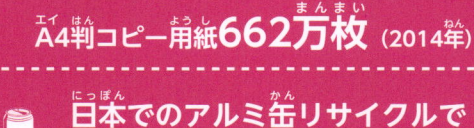 日本でのアルミ缶リサイクルで
減らせたエネルギー

みそ汁1ぱい(約180mL)を捨てた時、
魚がすめる水にするのに必要な水の量

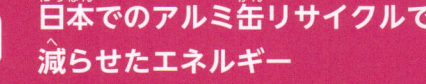

75.7億kWh

全国世帯数の**約16日分**の使用電力量 (2014年)

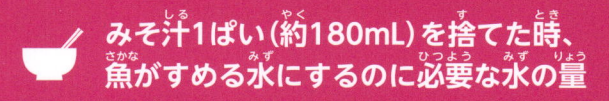

1410L

ふろおけ (200L) **7はい**

改訂版！ はてな？ なぜかしら？
日本の問題

3

改訂版！

はてな？　なぜかしら？

文化・科学問題

写真／東海旅客鉄道

監修：池上彰

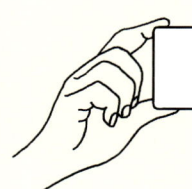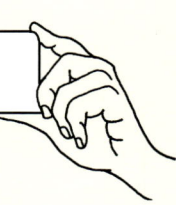

この本を読むみなさんへ

　みなさんは、日々、新聞やテレビ、インターネットなどで見聞きするニュースから、世の中でどんなことが起こっているかを知ることでしょう。また、おうちの人や友だちが、いろいろな事件やできごとを話題にしているのを耳にすることもあるでしょう。その中には、あなたがよく知っていることもあるでしょうし、初めて出会うこともあるでしょう。

　さまざまなニュースは、そのことがなぜ起こるのか、昔から今までにどう変わってきたか、どんな問題があり、どのような考えを持つ人がいるのかを知ると、わかりやすくなるうえ、その問題をさまざまな角度から考えることができます。

　このシリーズでは、最近の日本で起こった、または今も起こっている「問題」について考えていきます。日本の国内にはどんな問題があるのか、その原因は何かなどについて、できるだけわかりやすく説明しました。また、読んだあなた自身が考えられるようにもなっています。さまざまな問題について、自分はどう思うかを考えてみるとよいでしょう。

　この巻では、文化・科学に関する問題を取り上げています。文化とは、音楽、美術、文学など、私たちの心にうるおいをあたえてくれる芸術や、くらしを支える技術などをさします。人間は、長い時間をかけて、文化をつくってきました。人間が人間らしく生きていけるのは、文化を持っているからだとも言ってよいでしょう。科学も文化のひとつです。コンピュータ、通信、バイオテクノロジーなどを始めとした新しい科学技術の発達によって、私たちのくらしは大きく変化しています。科学は私たちのくらしを豊かで便利なものにしてくれますが、そのいっぽうで、地球環境の破壊などの問題も起こっています。文化と科学の問題を考えることは、人間らしく生きるにはどうすべきかを考えることでもあるのです。

監修　池上彰

1950年、長野県生まれ。大学卒業後、NHKに記者として入局する。社会部などで活躍し、事件、災害、消費者問題などを担当し、教育問題やエイズ問題のNHK特集にもたずさわる。1994年4月からは、「週刊こどもニュース」のおとうさん役兼編集長を務め、わかりやすい解説で人気となった。2012年から東京工業大学教授。おもな著書に、『一気にわかる！池上彰の世界情勢 2016』（毎日新聞出版）、『池上彰の世界の見方』（小学館）、『大世界史』（文藝春秋）、『池上彰の戦争を考える』（KADOKAWA）がある。

＊このシリーズは、2015年12月末現在の情報をもとにしています。

もくじ

日本は暑くなっているの？
にっぽん あつ

夏になると、暑い日が続きます。昔に比べて、気温が高くなっているとも言われますが、本当にそうなのでしょうか。そうだとしたら、その原因は何でしょうか。

暑くなっている地球
あつ ちきゅう

日本では、一年を通して春夏秋冬と季節が移り変わります。私たちは、夏は暑いもの、冬は寒いものと思って過ごしています。

けれど、家の人などが、「今年の夏はいつになく暑いね。」「最近の冬は、あまり雪が降らなくなったね。」などと話しているのを耳にしたことはありませんか。また、**ゲリラ豪雨**や**竜巻**などについてのニュースを目にする機会も増えていませんか。

気温や雨、雪などの気候は、本当に変化しているのでしょうか。1891（明治24）年から2014（平成26）年の平均気温を調べると、地球の平均気温は、100年当たりにして約0.70℃上がっています。日本の平均気温を見ると、100年あたりで約1.14℃上がっています。

この数字をどう思いますか。大したことはないと思うかもしれません。しかし、地球全体の気温を上げたり下げたりするのは、わずかであっても、大変な熱のエネルギーが必要です。数万年前から1万年前ごろまで続いた、最も近い氷河期でさえ、現在より3〜7℃低かっただけです。氷河期は、自然に起こった気候の変化ですが、このような変化は何万年もかかって少しずつ起こるもので、たった100年くらいの間に起こるのではありません。

近年の気温や気候の変化は、自然本来の変化とはちがうようなのです。

温暖化が進む地球
おんだんか すす ちきゅう

宇宙の温度はおよそ−270℃と、すべてがこおりつくほどの低温です。ところが、地球の上は、多くの生き物がすむのにちょうどよい気温に保たれています。赤道の近くは暑く、北極や南極に近い地域は寒いというちがいはありますが、生き物がまったくすめないほどの地域はほとんどありません。これは、太陽から届く熱エネルギーを、地球の大気が保っているからです。

太陽からの熱、宇宙へにげていく熱、大気が保っている熱などがバランスを保っているおかげで、地球の平均気温は、それほど大きく変わらないでいるのです。

地球の温度が上がっていることを、**温暖化**といいます。温暖化の原因については、さまざまな意見がありますが、多くの研究者は、人間の活動が地球温暖化の原因だと考えています。このまま、これまでのような活動を続ければ、地球の気温がもっと上がり、大変なことが起こると言われています。

21世紀の夏は暑い!?

日本の最高気温の記録を見ると、ベスト10のうち、7つまでが、21世紀に入ってから記録されたものです。また、4つは1990年代です。これを見ても、最近の気温が高いことがうかがえます。

最高気温の記録ベスト10

1	高知県	江川崎	41.0	2013年8月12日
2	埼玉県	熊谷	40.9	2007年8月16日
〃	岐阜県	多治見	40.9	2007年8月16日
4	山形県	山形	40.8	1933年7月25日
5	山梨県	甲府	40.7	2013年8月10日
6	和歌山県	かつらぎ	40.6	1994年8月8日
〃	静岡県	天竜	40.6	1994年8月4日
8	山梨県	勝沼	40.5	2013年8月10日
9	埼玉県	越谷	40.4	2007年8月16日
10	群馬県	館林	40.3	2007年8月16日
〃	群馬県	上里見	40.3	1998年7月4日
〃	愛知県	愛西	40.3	1994年8月5日

埼玉県熊谷市は、内陸部にあり、毎年高い気温を記録することで知られる。

写真：熊谷市

地球の気温は上がっている？

1900年からの地球の平均気温の変化を見ると、2010年までに、約0.6℃上がっています。わずかに思うかもしれませんが、地球全体の気温を上げるには、ばく大なエネルギーが必要なので、重大な事態なのです。

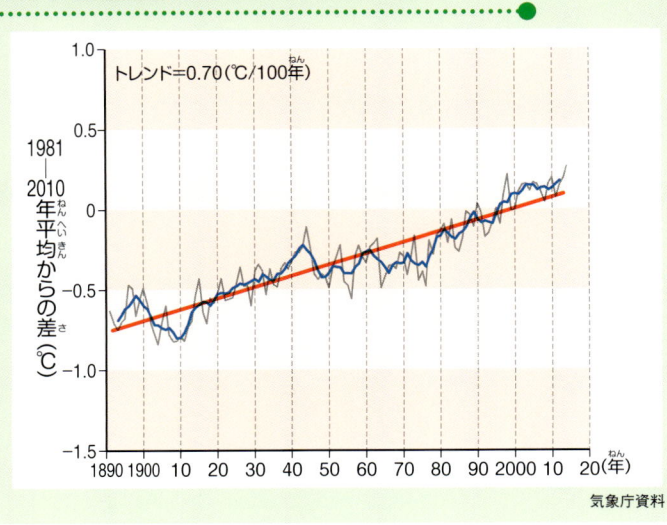

トレンド＝0.70(℃/100年)

1981〜2010年平均からの差(℃)

1890 1900 10 20 30 40 50 60 70 80 90 2000 10 20(年)

気象庁資料

地球温暖化とは？

地球の平均気温が上がることを、地球温暖化と言います。
地球の気温は、長い間に自然に変わることがありますが、現在問題になっているのは、人間の活動のせいで地球の気温が上がることです。

二酸化炭素が増えて気温が上昇

現代の生活に、電気やガスは欠かせません。また、自動車や電車、飛行機なども、ないと不便です。食品や衣料品、家電製品など、さまざまなものをつくり出す工場も必要です。

こうした人間の生活のための活動が、地球温暖化につながっていると考えられています。

ものを燃やすと、二酸化炭素という気体が発生します。自動車の燃料であるガソリンや、家庭のガスこんろでガスを燃やした時、二酸化炭素が発生します。

二酸化炭素には、熱を保つはたらきがあります。大気の中の二酸化炭素の量が増えると、地球から宇宙へ熱がにげにくくなってしまうのです。このはたらきによって、地球がちょうど温室に入ったように気温が上がるため、温室効果と呼ばれます。

石炭や石油、天然ガスは、遠い昔に地球にいた生物が長い間に形を変えたものです。化石のように古いことから、化石燃料と呼ばれます。

人間は、化石燃料を、工場の機械や火力発電所の発電機、自動車や飛行機などの燃料として、産業や暮らしに使ってきました。

使われ始めたのは、今から250年ほど前です。100年ほど前からは、大量に化石燃料を燃やすようになりました。地球の平均気温が上がっているのは、このためではないかと考えられているのです。

実際に、大気中の二酸化炭素の量は、この100年で増え続けています。

人間の生活を便利にする活動が、地球の温度を上げているようなのです。

地球に大きな影響が

このまま二酸化炭素をたくさん出し続ければ、2100年の地球の平均気温は、1986（昭和61）年に比べて、最大で4.8℃も上がると考えられています。

地球温暖化が進むと、さまざまな問題が起こります。

まず、北極や南極などの氷がとけます。南極は、広い面積の土地が、厚い氷でおおわれた陸地です。この氷がとけて水になって海に流れこむと、海面の高さが上がります。海面が今より1m高くなるだけでも、土地の高さが低い場所は海にしずんでしまいます。その場合、インド洋のモルディブは国のほとんどが、南アジアのバングラデシュは、国土の約20％が海にしずむと考えられています。

次に、地球の各地で気候が変わり、それまでなかった災害が引き起こされる可能性もあります。こう水が起こったり、逆に干ばつが起こったりする場所も増えるでしょう。

気候の変化は、生き物たちにも大きな影響があります。それまでの場所では生息できず、絶滅したり、移動したりすることもあると考えられます。植物が育つ環境も変わり、農作物がとれなくなることもあるかもしれません。

四季がある日本は、どうなるでしょうか。夏は熱帯のようになり、冬は雪が降らず、春や秋は短くなるかもしれません。

地球が暑くなる原因は？

地球温暖化の主な原因は、大気の中の二酸化炭素などの量が増えることだと考えられています。二酸化炭素などの気体が、熱を保つために、ちょうど温室の中が暑いように、地球の気温が上がるのです。このような気体を、温室効果ガスと呼びます。

もしも二酸化炭素がなかったら…

二酸化炭素などの気体は、地球の気温を、生き物たちにとってちょうどよいくらいに保つことに役立っています。

もしも大気の中に二酸化炭素がなかったら、地球の気温は、－19℃くらいになり、地球上はすっかりこおってしまうと考えられています。

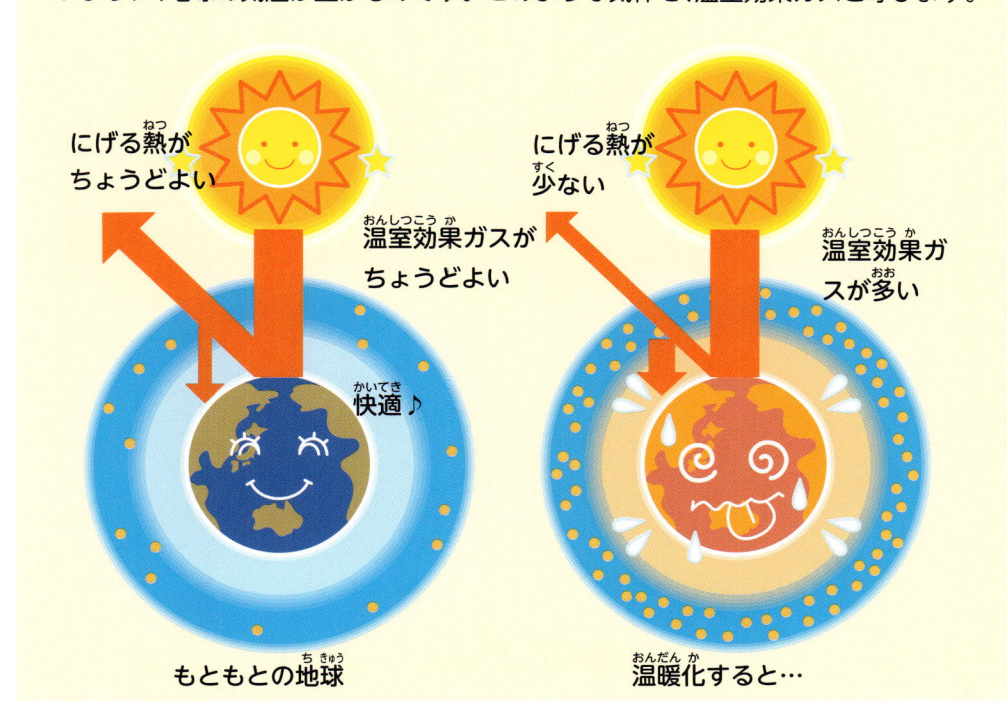

にげる熱がちょうどよい

温室効果ガスがちょうどよい

快適♪

もともとの地球

にげる熱が少ない

温室効果ガスが多い

温暖化すると…

温暖化の原因は？

ものを燃やすと二酸化炭素ができます。工場や発電所などで石油や石炭を使うこと、ガソリン車がガソリンを使うことなどで、二酸化炭素が増えます。

植物は、二酸化炭素を取り入れて、栄養をつくることができます。森林を切り開いてしまうと、二酸化炭素を吸収する植物が減ってしまいます。

温暖化が進むとどうなるの？

海面が上がる

南極やグリーンランドなど、陸地の上にある氷がとけ、海面が上がります。海面が上がると、低い土地は海にしずんでしまいます。

土地がしずんでいる地域。

写真：朝日新聞社/時事通信フォト

こう水が起こりやすくなる

地球の気象に変化が起こると考えられます。大雨が降ることが多くなり、こう水による被害が増えると考えられています。

こう水で増水した川。

写真:PIXTA

動植物がすめなくなる

生き物がくらす環境を生態系と言います。温暖化で生態系に影響が起こり、それまでいた地域にすめなくなる動植物が現れます。

影響を受ける動物たち。

写真：EPA＝時事

近年増えるゲリラ豪雨や竜巻

日本の平均気温は、100年当たりで約1.14℃上がり、温暖化が進んでいます。

都市部では、ヒートアイランド現象の影響で、さらに気温は上がっています。ヒートアイランド現象というのは、コンクリートのビル、アスファルトでおおわれた道路、エアコンなどから出る熱によって、都市部に熱がたくわえられ、気温が上がる現象です。

近年増えているゲリラ豪雨や竜巻なども、温暖化が原因の1つだと考えられています。

温暖化によって海面に近い部分の水温が上がると、水が気体の水蒸気に変わる量が多くなります。すると、上空に冷たい空気、地上近くに温められた空気の層ができます。温かい空気は上に上がるので、不安定な大気の状態になり、雨や雷をともなう積乱雲が発生しやすくなります。

積乱雲が大きく発達し、回転する上昇気流をともなうスーパーセル(巨大積乱雲)になると、とつぜんの豪雨や竜巻が起こりやすくなります。

ゲリラ豪雨は、ごくせまい範囲で、突然、短時間に降ります。多量の雨が集中的に降るので、土砂くずれなどの災害が起こったり、下水道があふれたりして、建物や農作物などに大きな被害をもたらすこともあります。

竜巻は、積乱雲の最も低い部分から地上に垂れ下がる激しい空気のうずです。海水や砂ぼこりを巻き上げ、強い力の風によって建物などをこわします。

二酸化炭素を減らす

地球温暖化が進み、地球の気温が上がり続けると、人間を始め、生き物や自然環境に大きな影響をあたえてしまいます。それを防ぐには、どうしたらよいでしょうか。

地球温暖化の原因となる二酸化炭素を、できるだけ出さなければよいはずです。そのためには、石炭や石油などをなるべく燃やさないように、エネルギーを節約することです。

そうは言っても、エネルギーを使わないわけにはいきません。二酸化炭素を出さないエネルギーを増やす工夫をしなければなりません。

そこで、化石燃料からではなく、自然のエネルギーをもとにして電気をつくる取り組みが進められています。

例えば風の力で発電する風力発電、太陽の光のエネルギーを電気に変える太陽光発電などです。しかし、これらの方法には、天候などに左右されて、安定して発電できないという問題もあります。

また、動物のふんや植物など、生物に由来したものを燃料にして発電するバイオマス発電という方法もあります。植物は、空気の中の二酸化炭素を取りこんで栄養をつくるはたらきをしているので、植物の内部にある二酸化炭素は、もともと空気の中にあったものと言えます。ですから、植物を燃やして二酸化炭素を出したとしても、差し引きはゼロになり、大気の中の二酸化炭素が増えたわけではないという考え方です。

ゲリラ豪雨と竜巻

せまい地域にとつぜん降る強い雨を、ゲリラ豪雨と言います。ゲリラというのは、とつぜん現れて攻撃してくる兵士たちのことです。地球温暖化によって、ゲリラ豪雨が起こりやすくなると言われています。また、強い空気のうずである竜巻もよく起こると考えられています。

写真:PIXTA

ゲリラ豪雨に見まわれる街。 写真:PIXTA

写真:PIXTA

激しくうずを巻き、移動する竜巻(上)。大きな力でさまざまなものを巻き上げる。家などに大きな被害をもたらすことがある(下)。

都会が暑くなるヒートアイランド現象

都会は、地面がアスファルトでおおわれ、コンクリートのビルが多いこと、エアコンや自動車などから熱が出ることなどから、周りに比べて、島のように気温が高い場所なっています。これを、ヒートアイランド(熱の島)現象と呼びます。

熱を出す
建物からの熱が大気へ
太陽からの熱
熱が反射
地面からの熱
風が弱まる
熱
都市

地球温暖化を防ぐために

地球温暖化を防ぐには、石油や石炭をできるだけ燃やさないようにして、自然エネルギーを使った発電の割合を増やしていくことが大切です。自然エネルギーには、太陽光、風力、バイオマス(生物がもとになっているもの)などがあります。

各地で、自然エネルギーを使った発電をする設備がつくられていますが、自然エネルギーには、安定して発電できないという問題点があります。

太陽光発電パネルを並べた発電設備。火力発電や原子力発電に比べ、広い面積が必要。 写真:東京電力

エネルギーをむだにしない生活
せいかつ

大気の中に出す二酸化炭素を減らすため、自動車についても、ガソリンに代わって電気で走る**電気自動車**、電気とガソリンの両方の利点を生かして走る**ハイブリッド車**などが登場しています。また、**燃料電池**という水素と酸素から電気をつくる装置を使って走らせる自動車の開発も進んでいます。

工場などでも、なるべく効率よく機械を運転する技術を開発し、二酸化炭素が出る量を減らす努力がされています。

ほかにも、空気中に出てしまった二酸化炭素を回収する研究や試みが進められています。

植林もその1つです。植物は光合成というはたらきをして、栄養をつくっていますが、このとき二酸化炭素を体に取りこみます。そこで、森を整備して木を増やしたり、公園や道路の木を植えたりします。

また、地中や海底に二酸化炭素を取りこむなどの研究も行われています。

世界が協力して温暖化を防ぐ
せかい きょうりょく おんだんか ふせ

地球温暖化は、日本だけでなく、世界のすべての国が影響を受ける問題です。

どの国も、大気中に放出されたとき、温室効果を引き起こす性質のある**温室効果ガス**（二酸化炭素、メタン、フロン、一酸化炭素）が増えると、地球温暖化につながることを考え、出す量を減らす努力をするため、各国が話し合う会議が行われています。この会議は、**COP**（気候変動に関する国際連合枠組条約締約国会議）と呼ばれます。

1997（平成9）年に、京都で3回目のCOPが開かれました。この会議では、各国が二酸化炭素を減らす量の目標を定めた京都議定書がまとめられました。

2013（平成25）年には、ポーランドのワルシャワでCOP19が開かれ、すべての国が温室効果ガスを減らす目標を自主的に用意すること、先進国が、新興国や発展途上国に資金を援助することなどが決められました。

日本は、2030年度に2013（平成25）年度から26％減らす目標を立てました。

地球温暖化は、私たちひとりひとりの問題でもあります。

今の生活で、エネルギーをむだにしていないか、あらためて考えてみましょう。

使っていない部屋の照明をつけたままにしている。だれも見ていないのにテレビがつけたままになっている。歩いて行けるところなのに、自動車で行く。このようなことをしていないでしょうか。

冷房の設定は1℃上げ、暖房の設定は1℃下げる、夏は家の窓にツルレイシ（ゴーヤ）などのつる性の植物をカーテンのように育て、直射日光をさえぎって室温を上げないようにするグリーンカーテンをつくる、家電製品を買いかえるときは使うエネルギーが少ない省エネ製品を選ぶなど、さまざまな工夫も取り入れましょう。

こうした反省と工夫が、かけがえのない地球を守ることにつながるのです。

温暖化を防ぐための国際会議

世界各国が協力して、地球温暖化を防ぐ方法を話し合うための会議が、何度も行われてきました。それぞれの国の目標が決められたこともあります。

先進国と発展途上国の考え方にちがいがあり、意見が対立することもあります。

2014（平成26）年に、ペルーのリマで開かれた、地球温暖化対策についての会議。
写真：時事

会議が開催されたリマで、環境を守ることをうったえるデモをする人々。
写真：時事

電気を利用する自動車

自動車の排出ガスには、二酸化炭素のほか、環境によくない物質もふくまれています。そのため、排出ガスのない、電気を利用した自動車が開発されています。電池で走る電気自動車、電気とガソリンの両方を使い分けるハイブリッド車、車に充てんした水素と空気中の酸素を使い、燃料電池で発電して走る燃料電池自動車などがあります。

電気とガソリンの両方を使うハイブリッド車。
写真：三菱自動車工業

燃料電池自動車。
写真：トヨタ自動車

温暖化を防ぐためにできること

地球温暖化を防ぐために、私たちにもできることがあります。むだなエネルギーをできるだけ使わないことです。毎日の生活をふり返り、エネルギーを節約できることはないか、確かめてみましょう。

写真：PIXTA

植物を育ててつくったグリーンカーテン。日ざしを防ぎ、冷房に使うエネルギーを節約する。

だれもいない部屋の照明を消すなど、むだな電気を使わないようにする。

できるだけ電気を使わず、夏をすずしく、冬を暖かく過ごす方法を考える。

再生可能エネルギーは増えるの？

くらしに欠かせない電気の多くは、石炭や石油などでまかなわれています。これらには問題もあるので、再生可能エネルギーを増やすことをめざしています。

発電の方法

私たちのくらしに、電気はなくてはならないものです。照明やテレビ、冷蔵庫、コンピュータなどは、電気がないと使えません。

家や会社などで使う電気は、電力会社の発電所でつくられます。

発電の方法は主に、水力発電、火力発電、原子力発電です。

水力発電は、水が高い所から低い所に落ちる勢いで水車を回転させ、その力で発電します。

火力発電は、石炭や石油、天然ガスなどの燃料を燃やして水を水蒸気に変え、その勢いでタービンを回転させ、発電機で発電します。

原子力発電は、火力発電と似ています。水を水蒸気に変え、その勢いでタービンを回転させる点では同じですが、こちらは燃料にウランを使います。ウランが別の物質に変わるときに出るばく大なエネルギーを利用して発電します。

発電機は大きなモーターで、つながっているタービンという羽根車のようなものに水蒸気などをふきつけ、じくを回転させることで電気をつくる機械です。

このほか、太陽光、風力などのように、いくら使ってもなくならず、くり返し利用できる再生可能エネルギーを使う発電も、じょじょに増えています。

原子力発電の問題点

原子力発電の技術は、20世紀に実用化されました。少量のウランからたくさんのエネルギーを得られることから、各国で原子力発電所の建設が進められました。

発電するときに、火力発電とちがって二酸化炭素を出しませんが、発電に使われたウランからは、放射性物質という、人間やそのほかの生き物にとって、たいへん危険な物質ができます。

何重もの安全対策が取られていても、万が一、原子力発電所（原発）から放射性物質がもれるような事故が起これば、大きな災害となることは、実用化された当初からわかっていました。

そして、その心配は現実のものになってしまいました。

1979（昭和54）年3月にアメリカのスリーマイル島で、1986（昭和61）年4月にソ連（現在はウクライナ）のチェルノブイリで、原子力発電所の大事故が起こりました。そして日本でも、2011（平成23）年3月11日に発生した東日本大震災と、その後に起こった津波によって、福島第一原子力発電所の事故が起こったのです。

発電の種類

主な発電の方法として、水力発電、火力発電、原子力発電の3種類があります。水車やタービンを回転させて、電気をつくります。

水力発電

水が高い所から低い所に落ちる勢いを利用して、水車を回転させる。川の水をせき止めたダムをつくって、そこから水を落とすことが多い。

火力発電

石炭や石油、天然ガスなどを燃やして水蒸気をつくり、その勢いでタービンと発電機を回転させて電気をつくる。

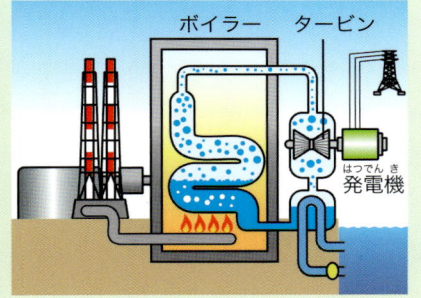

原子力発電

ウランが別の物質に変わるときに出すエネルギーで水蒸気をつくり、その勢いでタービンと発電機を回転させて電気をつくる。

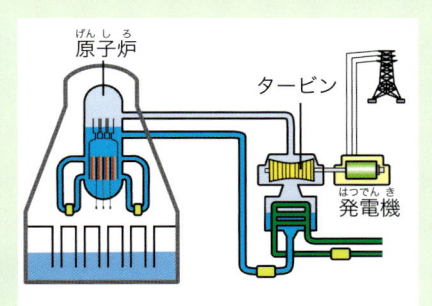

チェルノブイリで起こった事故

1986年4月26日、ソ連（現在はウクライナ）のチェルノブイリ市にあった原子力発電所で、事故が起こり、原子炉が爆発しました。このため、放射性物質が発電所の外にもれ、大勢が亡くなりました。
　半径30km以内の住民がひなんすることとなり、現在も立入禁止区域に指定されています。

事故のあった、チェルノブイリ原子力発電所。

写真：dpa/時事通信フォト

再生可能エネルギーは増えるの?

福島第一原発で起こったこと

東日本大震災のとき、東京電力福島第一原子力発電所で何が起こったのでしょうか。

福島第一原子力発電所には、6基の原子炉があります。原子炉とは、ウランを核分裂させてエネルギーを取り出す装置です。地震が起こったときに動いていた1〜3号機は、地震のゆれによって自動的に止まり、その後の津波によって非常用の発電機が故障してしまいました。そのため、原子炉を冷やすために水を送るポンプが使えなくなりました。原子炉の温度が上がり、燃料がとけてくずれ落ちるメルトダウンや、原子炉の底がとけて燃料が外に流れ出すメルトスルーが起こりました。さらに、発生した水素が爆発したために原子炉のある建物がふき飛び、もれ出した放射性物質が広がったのです。

4〜6号機は定期点検中のため停止中でした。

事故の処理は今も続き、放射能に汚染された水が外にもれ出すなど、別の問題も起こり、解決には長い時間がかかると考えられています。周辺に住んでいた多くの人たちのひなん生活も続いています。

川内原発1号機を運転

福島第一原子力発電所の事故から、原子力発電所への不安が大きくなり、2012(平成24)年5月には日本の原子力発電所はすべて停止しました。その後、同年7月に福井県の大飯原子力発電所が動きだしたものの、2013年9月には定期検査のため停止しました。

当時の民主党政権は、「2030年代に原発ゼロを目指す」としていましたが、2012年12月に自由民主党政権に代わったことで、日本のエネルギー政策は変更され、原子力発電は重要であるという方針が示されました。

福島第一原子力発電所の事故をふまえ、原子力発電が安全かどうかを判断する新しい基準が、原子力規制委員会で定められました。

重大事故対策、地震・津波対策などが盛りこまれ、その基準を満たした原子力発電所は、再び運転できることになったのです。そのためには、原子力規制委員会が安全であると認め、地元自治体の同意を得ることが必要です。

そして、2015(平成27)年8月、鹿児島県の川内原子力発電所1号機が、続いて10月に2号機が運転を再開しました。

運転再開に反対の意見もあります。新しい基準でも、二度と事故を起こさないとは言えないという声があります。また、福島第一原子力発電所の事故処理の見通しが立っていないまま運転し始めるのはおかしいという声もあります。

原子力発電所には、もう1つ大きな心配があります。原発を動かすことで出る、ごみのようなものです。これを、放射性廃棄物と言います。中でも、使用済み核燃料には大量の放射性物質がふくまれ、コンクリートや金属でおおって放射線が少なくなるまで、10万年以上もかかると言われています。

日本には、放射性廃棄物を管理する最終処分場がまだありません。場所も、保管する方法も決まっていないのです。

福島第一原子力発電所の事故

2011（平成23）年3月11日、東北地方の沖合いで大きな地震が発生し、その後に津波が沿岸をおそいました。

福島県にある東京電力福島第一原子力発電所では、電源が止まってしまったために、原子炉を冷やすことができなくなり、その後、水素爆発が起こり、建物がふき飛びました。

水素爆発によって、建物がこわれてしまった。

写真：東京電力

①地震の強いゆれのために、原子炉が運転を止めた。

②津波のために、原子炉を冷やす水を送るポンプが動かなくなった。

③建物の中に、水素という気体がたまった。

④水素が爆発し、火災や爆発が起こった。

使用済み核燃料の処理は？

原子力発電の後に出る放射性廃棄物は、今のところ、深い地下に処分する方針が立てられています。

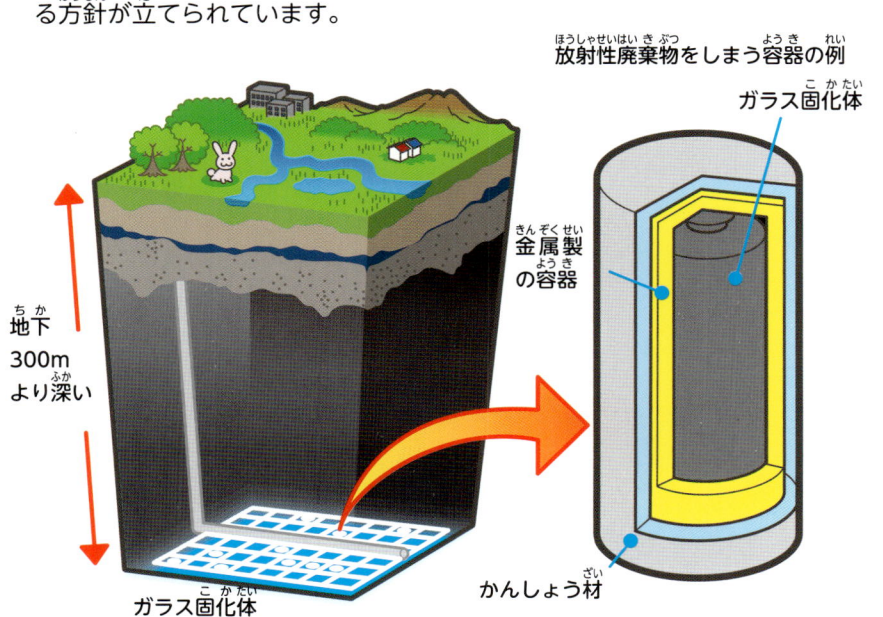

放射性廃棄物をしまう容器の例

ガラス固化体

金属製の容器

かんしょう材

地下300mより深い

ガラス固化体

原子力発電の事故が心配だわ。

本当に安全が保証されているのか？

使用済み核燃料はどうやって処理するのか！

再生可能エネルギーは増えるの？

広がる再生可能エネルギーの活用

2011（平成23）年に、東日本大震災で、福島第一原子力発電所の事故が起こる前、日本の発電は、おおまかに、火力発電が6割、原子力発電が3割、水力発電が1割でした。

事故の後、原子力発電がほぼ止まり、電力がたりなくなるのではないかと心配されました。しかし、電気の節約によって電力使用を減らしたり、使っていなかった火力発電所を運転したりしたので、電気がたりなくなることはさけられました。

このような事態の中で、石炭や石油、ウランなど限られた資源による発電ではなく、太陽光や風力、地熱など、自然から利用でき、くり返し使えるエネルギー資源による発電が、あらためて注目されました。これらは、くり返し利用できるので、**再生可能エネルギー**と言われます。

再生可能エネルギーには、太陽光、風力、地熱、バイオマス（資源作物や生ごみ、木くずなどによる資源）、中小規模水力など、7種類が指定されています。

再生可能エネルギーがより多く利用されるようにする政策の1つとして、2012（平成24）年7月に、太陽光発電でつくった電気の**固定価格買取制度**が取り入れられました。

この制度は、再生可能エネルギーで電気をつくる技術や施設はまだじゅうぶんでなく、電気をつくるのにかかる費用が高くなるため、再生可能エネルギーでつくった電気を、電力会社が一定の期間、高めの値段で買い取ることを義務づけるものです。そうすれば、太陽光発電を事業とする会社が増え、しだいに発電にかかる費用も下がっていくという考えです。

電力会社が電気を買い取るための費用は、私たち電気の利用者が、電気料金と合わせて負担することも定められています。

2013年度の国内の発電電力量のうち、再生可能エネルギーによる発電は2.2%でした。2010年度の1.0%よりは増えています。

経済産業省が2014（平成26）年にまとめた「エネルギー基本計画」では、2030年までに、再生可能エネルギーの割合を20%以上にする目標が挙げられています。今後、再生可能エネルギーによる発電は、もっと増えていくだろうと予想されています。

省エネ・節電も大切

再生可能エネルギーによる発電の割合を増やすことは大切ですが、私たちが電気をむだづかいせず、使用量を減らす努力も大切です。

電力使用量を減らすことができれば、発電に必要な設備は少なくてすみます。

近年は、電気製品も、省エネタイプのものが開発されています。電気製品を買いかえるときは、省エネタイプのものを選ぶことで、電力使用量がおさえられます。また、エアコンを使うときは、家族で1つの部屋に集まるようにする、テレビなどを見ないときは主電源を消しておくなど、くらしの中で、できるだけ電気を節約するように心がけましょう。

いろいろな再生可能エネルギー

再生可能エネルギーは、使い続けてもなくなることがありません。また、発電のときに、二酸化炭素など、環境によくない物質を出すこともありません。

太陽光発電

太陽の光のエネルギーを、電気に変えます。大規模な発電設備のほか、家の屋根に太陽光発電パネルがつけられていることもあります。

屋根につけられた太陽光発電パネル。　写真：PIXTA

風力発電

風の力で風車を回し、その力で発電機を回して電気をつくります。風さえあれば、昼夜を問わず発電できます。

風力発電設備。　写真：沖縄電力

地熱発電

火山の近くで、地下にある高温のマグマで熱くなった水蒸気を取り出し、その勢いでタービンと発電機を回転させ、発電します。

地熱発電所。　写真：九州電力

バイオマス発電

これまで利用されていなかった木材やおがくずなどの植物、動物のふん、生ごみ、下水のどろなどを燃料として電気をつくります。

木材、おがくずなど　　生ごみなど

発電の割合

福島第一原子力発電所の事故の前は、日本の発電の約3分の1を原子力発電がしめていました。その後は、大部分が火力発電です。

2013年度の内訳

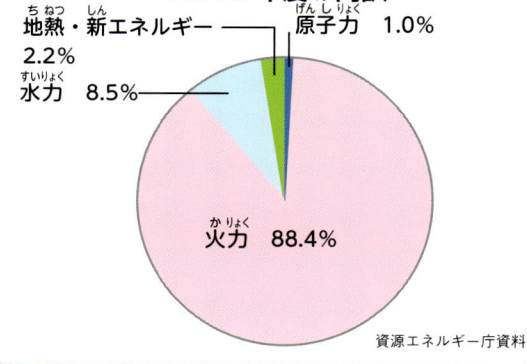

地熱・新エネルギー 2.2%
原子力 1.0%
水力 8.5%
火力 88.4%

資源エネルギー庁資料

再生可能エネルギーを増やすために

再生可能エネルギーでつくった電気を、電力会社が高めに買い取ります。

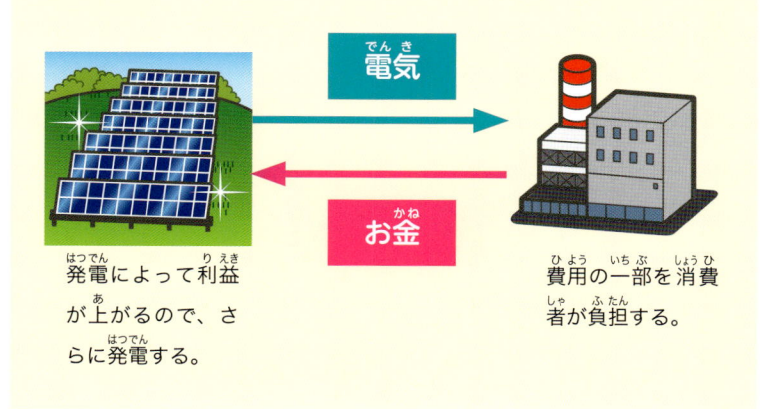

電気

お金

発電によって利益が上がるので、さらに発電する。

費用の一部を消費者が負担する。

iPS細胞は、
何に役立つの？

iPS細胞は、医療の分野で、さまざまな役に立つと言われています。どのようなもので、どんな役に立つのでしょうか。

生き物の体をつくる細胞

私たちの体は、細胞という、小さなふくろのようなものがたくさん集まってできています。皮膚も、心臓も、脳も、体のどの部分も、細胞の集まりです。ヒトの場合、1人の体は、およそ60兆個もの細胞が集まってできていると言われています。

体が細胞でできているということでは、ヒト以外の動物でも、植物でも同じです。生き物の体は、すべて細胞でできています。

動物の生命は、メスの卵とオスの精子が結びつくことから始まります。これを受精と言います。卵も精子もそれぞれ1個の細胞で、結びついた細胞を、受精卵と言います。受精卵は、2個に分かれ、さらに分裂をくり返して増えていきます。どんどん分裂していく間に、細胞は、やがて筋肉をつくる細胞になったり、脳などの神経をつくる細胞になったりします。こうして、動物の体の各部分がつくられ、生まれてくるのです。

体の細胞は、筋肉細胞、神経細胞、脂肪細胞など、約200の種類があります。いったん筋肉細胞になった細胞は、もう神経細胞などに変わることはありません。ほかの細胞も同じです。

自由度を失っていく細胞

さかのぼって考えてみましょう。受精卵は、分裂して筋肉細胞にも神経細胞にも脂肪細胞にもなっていきます。つまり、あらゆる種類の細胞になる可能性を持っているのです。このような細胞を、**万能細胞**（多能性幹細胞）と言います。すべての可能性がある細胞ということです。

受精卵が少し分裂すると、おおまかに3つのグループに分かれます。①神経や皮膚などになるグループ、②筋肉、骨、血管などになるグループ、③消化管、肺などになるグループです。この段階までくると、あるグループになった細胞は、ほかのグループの細胞には変われません。しかし、例えば①のグループの細胞なら、神経の細胞にもなれるし、皮膚の細胞にもなれるという状態です。万能ではないが、まだ、かなり自由がきくという段階と考えられます。

この段階の細胞を、**幹細胞**と言います。幹細胞の時期を過ぎると、もう細胞は別の種類の細胞にはなれない時期をむかえます。この段階の細胞を、体細胞と言います。

細胞は、万能細胞、幹細胞、体細胞と変化し、だんだん自由度がなくなっていくと思ってください。

受精卵からいろいろな細胞へ

私たちは、母親の卵（卵細胞）と父親の精子が結びついた受精卵から始まります。受精卵が、分裂し、いろいろな細胞に分かれていくのです。

受精　生命の始まり

卵と精子が結びついて受精卵ができる。

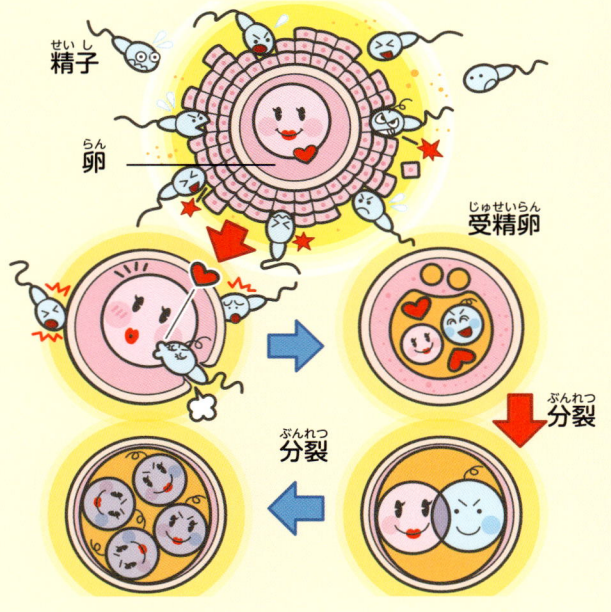

精子

卵

受精卵

分裂

分裂

万能細胞

受精卵は、分裂して、あらゆる部分になることができる。どんな細胞にもなれるので、万能細胞と呼ばれる。

幹細胞

万能細胞が少し分裂した段階。ある程度、自由に変わることができる。

体細胞

別の種類の細胞には変われない細胞。

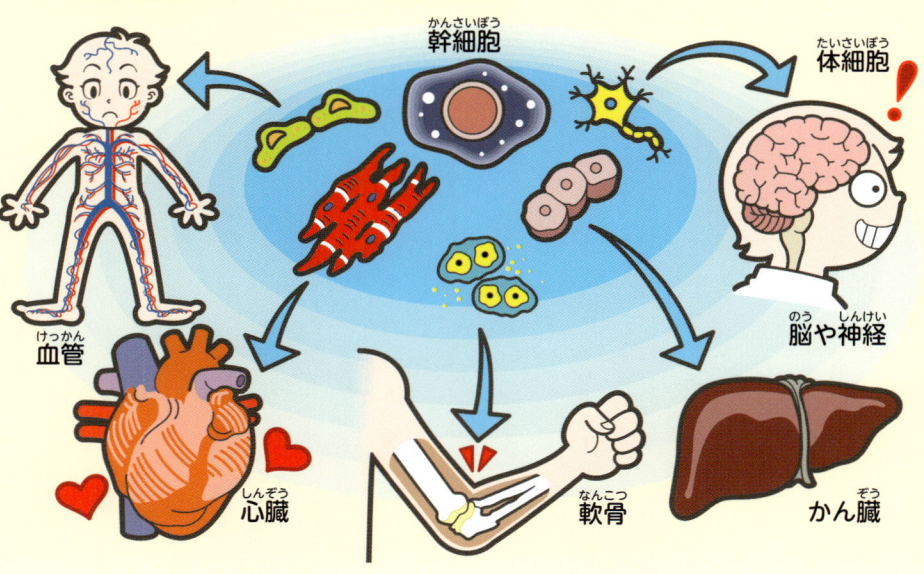

幹細胞

体細胞

血管

心臓

軟骨

脳や神経

かん臓

万能細胞をつくる研究が進む

昔から、体細胞を万能細胞や幹細胞にもどすことはできないかと考えられ、研究が進められていました。万能細胞や幹細胞をつくることができれば、体の部分をつくることができるからです。

しかし、これは、言ってみれば時間を巻きもどすようなことです。常識的には、そんなことはできないと思われていました。

ところが、1962（昭和37）年、イギリスのジョン・ガードン博士は、おとなになったカエルの細胞を、受精卵と同じ万能細胞の状態にもどすことに成功しました。これは、それまでの常識を打ちやぶる研究成果でした。

カエルでできたのなら、同じことがヒトなどのほ乳類でもできないかと、多くの学者が研究に取り組みました。

1981（昭和56）年には、マウス（ネズミ）の万能細胞をつくることに成功しました。そして、1998（平成10）年には、ヒトの万能細胞をつくることに成功しました。

これは、受精卵を取り出し、その中の細胞を取り出して育てるという方法でした。この方法でできた万能細胞を、**ES細胞**（胚性幹細胞）と言います。

しかし、ヒトの場合、受精卵を取り出すのは危険です。また、ES細胞をつくるには、受精卵をこわす手順が必要ですが、これにも、問題があります。卵と精子が結びついた受精卵は、生命の始まりとも考えられるからです。このような理由から、現在は、ES細胞をつくる研究に条件をつけている国もあります。

iPS細胞をつくった山中教授

日本の京都大学の山中伸弥教授は、チームで万能細胞をつくる研究を進めていました。そして、2007（平成19）年に、初めてヒトの万能細胞をつくることに成功しました。

細胞の中には、親から子どもに受けつがれ、体の特ちょうなどを決める遺伝子というものが入っています。さまざまな実験の結果、体細胞の中にある遺伝子のうち、4つを操作することで、万能細胞になることがわかったのです。研究チームは、皮膚の細胞を万能細胞にもどし、心臓や肝臓などの細胞に変えられることを証明しました。これなら、ES細胞のように、受精卵をこわす必要もありません。

こうしてつくられた万能細胞は、**iPS細胞**（人工多能性幹細胞）と名づけられました。

この研究により、山中教授は2012（平成24）年のノーベル生理学・医学賞を受賞しました。このとき、同時に、カエルの細胞から万能細胞をつくったガードン博士も、ノーベル賞を受賞しています。

山中教授にとっては、研究で成果を上げてから、わずか5年ほどでのノーベル賞受賞でした。これは、ノーベル賞の長い歴史から見ても、たいへん短い期間での受賞でした。

山中教授がノーベル賞を受賞したことが話題になり、iPS細胞という名前がよく知られるようになりました。

万能細胞をつくる

どんな細胞にもなれる万能細胞をつくることができれば、人工的にいろいろな細胞をつくることができるようになります。さまざまな研究の結果、万能細胞をつくることに成功しました。

1962 年	**カエルの細胞を万能細胞に変える**

イギリスのガードン博士が、脊椎動物であるカエルの万能細胞をつくる。

1981 年	**マウスの万能細胞をつくる**

ヒトと同じほ乳類のマウス（ネズミ）の万能細胞をつくる。

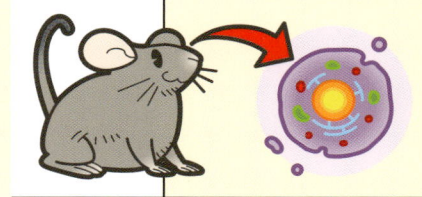

1998 年	**ヒトの万能細胞（ES 細胞）をつくる**

ヒトの受精卵を取り出して育てることによって、ヒトの万能細胞をつくることに成功した。

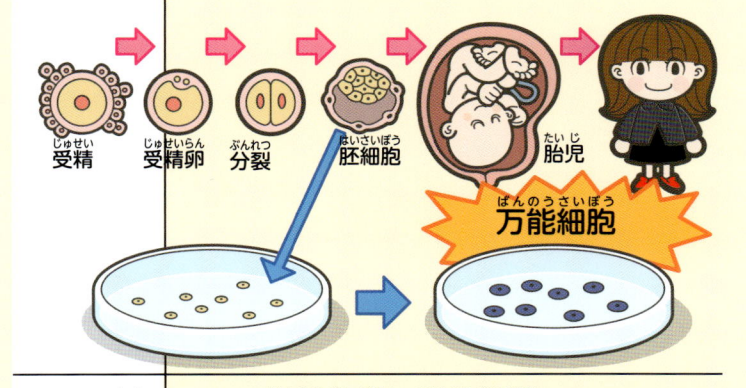

受精 　受精卵 　分裂 　胚細胞 　胎児

万能細胞

2007 年	**ヒトの万能細胞（iPS 細胞）をつくる**

日本の山中教授の研究チームが、ヒトの万能細胞をつくる。4 つの遺伝子を操作することで成功した。

D NA

初期化成功

---

iPS 細胞でノーベル賞を受賞

2007 年に iPS 細胞をつくることに成功した山中教授は、わずか 5 年後の 2012 年に、ノーベル生理学・医学賞を受賞しました。成果が出てから数十年後におくられることもめずらしくないノーベル賞で、このような短期間での受賞は、異例です。

ノーベル賞のメダルを持つ山中教授。

写真：時事

"iPS" はどういう意味？

iPS 細胞の iPS は、英語の Induced Pluripotent Stem cell（人工的に万能性を持たせた幹細胞）の頭文字をとったものです。日本語では、人工多能性幹細胞と言います。

i だけ小文字なのは、人気のあるアップルの製品、iPod のように広まってほしいという願いをこめたものと、山中教授は語っています。

iPS細胞は、何に役立つの？

再生医療へのiPS細胞の利用

iPS細胞は今後、医学で大きく役立つだろうと考えられています。どのようなことができるのでしょうか。

1つは、再生医療の分野での利用です。再生医療というのは、病気やけが、事故などで、失ったり、機能を損なったりした体の部分を、細胞を増やすことによって治す方法です。

例えば、肝臓のはたらきが失われてしまった場合、他人の肝臓の一部を移植する治療法があります。この場合、移植された肝臓を、体は、自分以外の別のもの（異物）が入ってきたと判断して、激しく反応し、不具合が起こるおそれがあります。そのため、移植できる人が限られます。しかし、自分の体細胞から肝臓をつくれば、不具合が起こるおそれはぐっと低くなります。

iPS細胞を利用した再生医療で、最も研究が進んでいるのは、加齢黄斑変性の治療に利用するものです。この病気は、目のもう膜という部分に不具合が起こるものです。目が見えにくくなり、失明してしまうこともあります。自分の細胞からつくったiPS細胞からもう膜の細胞をつくり、移植することによって、治療に役立てようとするものです。

2014（平成26）年9月には、日本で、世界初のiPS細胞を使った加齢黄斑変性の治療手術が行われています。このほかにも、体が動かしにくくなるパーキンソン病や、糖尿病、脳卒中、がんなどの治療に、iPS細胞を利用する研究が進められています。

新しい薬の開発に活用できる

iPS細胞は、新しい薬を開発するのにも役立ちます。

新しい薬が開発され、使えるようになるためには、きちんと効果があるか、重大な副作用がないかなどを調べなければなりません。しかし、それらを、いきなりヒトの体を使って実験するわけにはいきません。不具合があれば取り返しがつかないからです。そこで、別の方法で検査や実験をするので、時間も費用もかかります。

このような場合に、iPS細胞からつくった臓器などを使えば、新しい薬の効果や副作用を、安全に効率よく調べることができます。そこで、新しい薬が使えるようになるまでの期間を短くできます。

また、治療が難しい病気の人の細胞からiPS細胞をつくり、その病気の特ちょうを持った細胞をつくれば、その病気を治すのに、どのような薬が効果があるかを調べることができます。難病の治療に使う薬の開発にも役立ちます。

広い分野での利用のために

iPS細胞ができたことにより、病気の治療などの可能性がたいへん広がっています。さまざまな病気について、iPS細胞を利用した治療方法が研究されています。しかし、これから乗りこえていかなければならない問題もたくさんあります。多くの場面で一般的に利用できるまでには、長い時間がかかるでしょうが、着実に研究が進められていくでしょう。

万能細胞でできること

iPS細胞は、主に再生医療と新薬開発の分野での利用が期待されています。

失われた器官をつくる

病気や事故などで失われた体の一部を、もとのようにする治療を、再生医療と言います。

患者の体の細胞からiPS細胞をつくり、それをもとに、必要な体の器官をつくります。

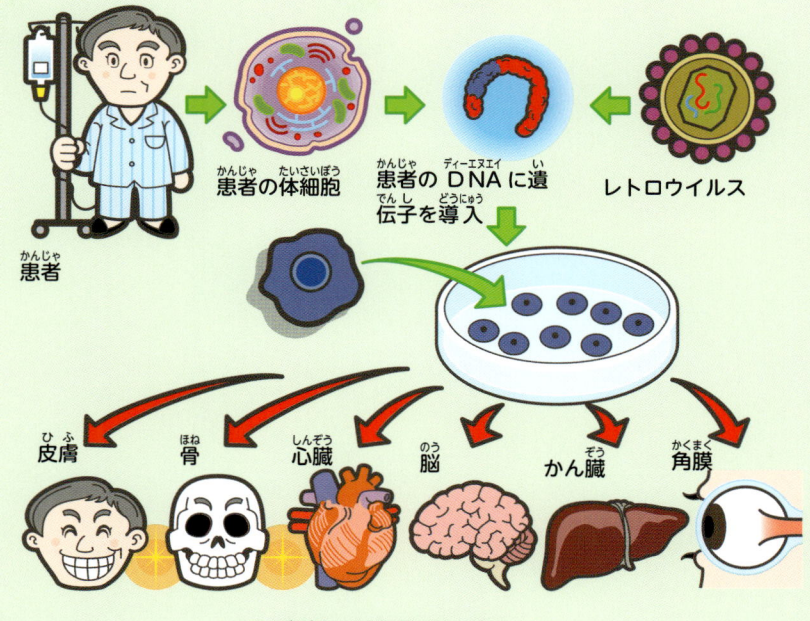

患者 / 患者の体細胞 / 患者のDNAに遺伝子を導入 / レトロウイルス

皮膚 / 骨 / 心臓 / 脳 / かん臓 / 角膜

新しい薬の開発

新しい薬をつくるときには、最終的に、ヒトに効くかどうか、安全であるかを確かめる必要があります。

この試験などに、iPS細胞からつくった器官を使うことができれば、新しい薬を開発するまでの期間を短くすることができます。

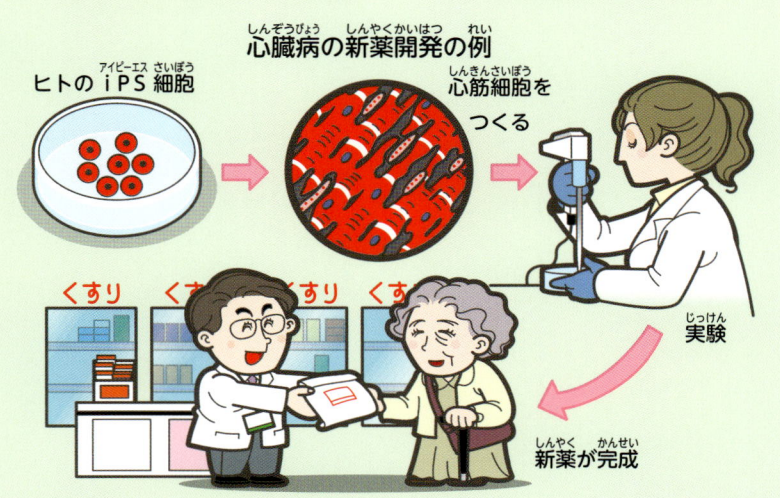

心臓病の新薬開発の例

ヒトのiPS細胞 / 心筋細胞をつくる / 実験 / くすり / 新薬が完成

乗りこえなければならない問題

安全かどうかを確かめる

iPS細胞は、開発されてからまだ時間がたっていないので、安全性をじゅうぶんに確かめる必要がある。

変えたい細胞に変える

iPS細胞から必要な器官ができるように操作する技術を確立する必要がある。

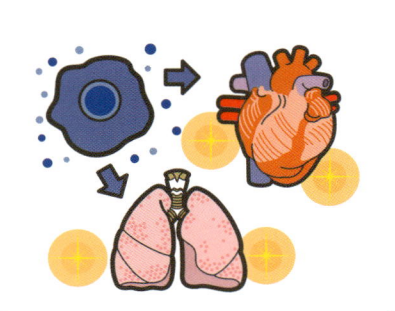

がん細胞になりやすい？

iPS細胞は、がん細胞に変わりやすいと言われる。それを防ぐ方法を見出さなければならない。

第4章

地震の被害を防ぐにはどうしたらいいの？

地震は、いつ、どこで起こるかわかりません。大地震は、さまざまな被害をもたらすことがあります。地震の被害を防ぐことはできないのでしょうか。

地震の多い国、日本

2011（平成23）年3月11日、東北地方の三陸沖の海底を震源とする東北地方太平洋沖地震が起こりました。地震の規模はマグニチュード9.0、最大震度7（宮城県栗原市）と、非常に大きな地震です。東日本の広い範囲で、強いゆれを感じました。

この地震によって発生した津波やその後起こった余震による被害も大きく、東京電力福島第一原子力発電所の事故も起こりました。死者1万5893人、行方不明者2567人（2015年11月、警察庁発表）にもなったこの災害は、東日本大震災と呼ばれています。

それまでも、日本では強い地震がたびたび起こっています。

2004（平成16）年10月23日には、新潟県中越地震が起こりました。マグニチュード6.8、最大震度7（新潟県川口町・現長岡市）で、山くずれや地面が落ちこむなどの被害が出ました。

1995（平成7）年1月17日に起こった兵庫県南部地震は、マグニチュード7.3、最大震度7（兵庫県神戸市など）で、神戸市を中心に、死者6434人、行方不明者3人と、大きな被害が出ました。阪神淡路大震災と呼ばれています。

1923（大正12）年9月1日に関東地方で起こった大地震では、ゆれに火災が加わり、東京の下町を中心に、10万人をこえる人が亡くなりました。関東大震災です。

大きな地震以外にも、多少のゆれの地震であれば、毎日のように日本のどこかで起こっています。日本は世界でも最も地震の多い地域の1つです。

プレートの境で起こる地震

日本で地震が多いのはなぜでしょうか。

地球の表面はプレートという板のようなものが組み合わさってできています。プレートはそれぞれゆっくりと動いています。プレートとプレートの境では、一方がもう一方のプレートの下にしずみこみ、ひずみが起こります。ひずみが大きくなると、元にもどろうとする力がはたらき、地面が動きます。これが地震です。

また、プレートがおし合って断層というさけ目ができるときも、地震が起こります。

日本は太平洋プレート、フィリピン海プレート、ユーラシアプレート、北アメリカプレートの4つのプレートの境にあるので、地震がとても多いのです。プレートの境には火山も多く、ふん火を起こすこともあります。

地震の被害

大きな地震が起こると、さまざまな被害が起こります。

地割れ・地すべり

地面がさける地割れ、広い範囲で土砂くずれなどが起こる地すべりなどの被害があります。

津波

震源が海底の場合、海面が上がり、陸地におし寄せる津波が起こることがあります。

液状化

地ばんがゆるい土地が、液体のようになり、砂や水がふき出して地ばんが下がり、建物に被害が出る。

2011年の東日本大震災で、陸上に乗り上げた漁船。

写真：田中正秋／アフロ

地震が起こるしくみ

地球の表面をおおう板（プレート）が動き、プレートの境目でひずみができるために地震が起こる。

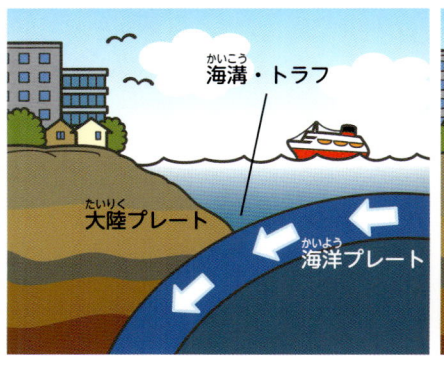

海溝・トラフ
大陸プレート
海洋プレート

海洋プレートがゆっくり動き、大陸プレートの下にしずみこむ。

ひずみがたまる

海洋プレートとともに、大陸プレートが引きずりこまれひずみがたまる。

はね上がり

大陸プレートがもとにもどろうとするときに、地震が起こる。

地震を前もって知ることはできる？

4つのプレートの境にある日本では、いつ、どこで大きな地震が起こっても不思議ではありません。地震はとつ然起こり、地割れや山くずれ、津波を引き起こすこともあります。また、建物がこわれたり、火災が広がったりして、被害が大きくなることもあります。

ライフラインと呼ばれる電気、ガス、水道、通信、交通などが止まれば、混乱した状態が長引き、亡くなる人も増えるでしょう。こうした被害を防ぎ、最小限におさえるためには、どうしたらよいのでしょうか。

もし、地震を予測できれば、被害を減らすことができるはずです。

地震のおそれがある場合は、電車やバスなどの運行を止め、会社や学校などを休みにして、安全な場所にひなんすることもできます。

いつ、どこで、どれくらいの大きさの地震が起こるかを、科学的に証明できる理由に基づいて予測することを、地震予知と言います。

かなり以前から地震予知の研究が行われていますが、現在の科学技術では、確かな予知の方法はわかっていません。

大きな地震が起こる前には、動物がいつもとちがう行動をとるなどと言われることもあります。そのような現象が見られることもありますが、いつ、どこで地震が起こるかまではわからないのです。

東海地震に備えて

地震の予知は、どうして難しいのでしょうか。地震の多くは地下の深い場所で起こります。また、大きな地震はめったに起こりません。ですから、手に入れられるデータも限られています。また、同じ場所で同じ大きさの地震が起こるかどうかを確かめるのも、長い年月がかかります。このため、地震予知は難しいのです。

今のところ、直前に予知ができる可能性があり、そのための法律もつくられているのは、駿河湾から静岡県の内陸部を震源域とする巨大地震、東海地震だけです。東海地震は、これまでの研究で、静岡県を中心とした発生場所と大きさが予想できると考えられています。この地域は、**南海トラフ**というプレートがぶつかり合っている場所に近く、1605年、1707年、1854年に大きな地震が起こっています。100〜150年ごとに大地震が起こっているため、1854年の地震から150年以上が過ぎた現在、いつ起こってもおかしくないと考えられているのです。

そこで、各地に土地のようすの変化などを調べる機器が整備され、地震の前ぶれと思われる現象が起こっていないかをつねに見守っています。異常があれば、地震防災対策強化地域判定会でその危険度について話し合います。そして、地震の危険度が高いと判断されると、総理大臣から警戒宣言が出されます。鉄道やバスは運行を止め、登校中の子どもは帰宅するなど、地震に備えます。しかし、現在まで、警戒宣言が出たことはありません。

地震の予知はできる？

いろいろな現象が、地震の前ぶれではないかと言われることがあります。その研究をしている人もいます。

犬や牛、ウサギなどが、ふだんとはちがう行動をする。

いつ、どこで、どれくらいの規模の地震が起こるかは予知できない。

東海地震に備える

静岡県の内陸部を震源とする大規模な地震が起こることが心配され、観測が続けられています。

各地の震度の予測

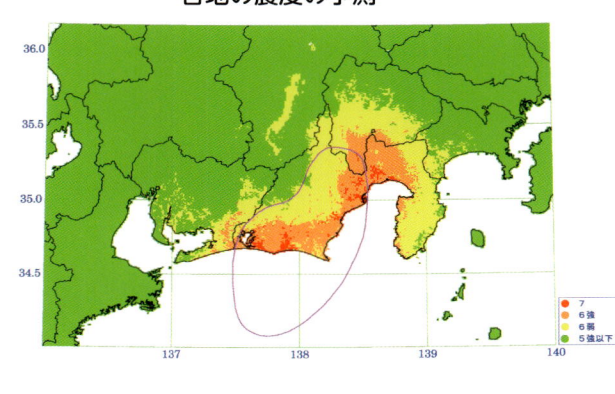

各地の津波の予測

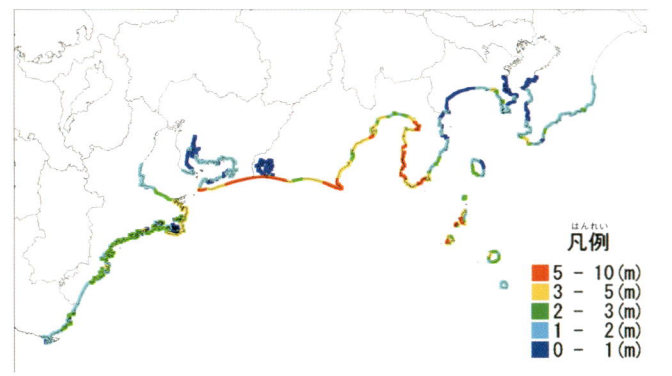

凡例

5 - 10 (m)	
3 - 5 (m)	
2 - 3 (m)	
1 - 2 (m)	
0 - 1 (m)	

出典：内閣府ホームページより

①地震の前ぶれを観測する

各地の観測器で、地震の前ぶれではないかと考えられる現象が観測される。

②異常が発見される

地震の前ぶれと考えられる異常が観測される。

③予知判定会が開かれる

学者や気象庁の担当者が、地震が起こる可能性が高いかどうかを検討する。

④総理大臣に報告

近いうちに地震が起こりそうであることを総理大臣に報告する。

⑤警戒宣言が出される

東海地震予知情報が発表され、総理大臣が警戒宣言を出す。

⑥地震に備える

電車やバスを止めたり、子どもたちを学校から帰らせたりする。

地震の被害をおさえるために

東日本大震災のあと、防災対策を進めるために、将来起こるおそれのある地震が、どれくらいの大きさになるかの予想が発表されています。

東日本大震災までは、数百年から1000年に一度しか起こらないような超巨大地震は想定してきませんでした。しかし、東日本大震災のように、「1000年に一度」という規模の地震が実際に起こることがあらためて印象づけられたことから、その方針を改めたのです。

2012（平成24）年4月、東京都は、首都直下型地震が起こったときに予想される被害についての報告書を発表しました。東京湾北部でマグニチュード7.3の地震が起こった場合、死者が最大約9700人と想定しました。

同年8月には、内閣府の検討会が、南海トラフ地震がマグニチュード9.1の規模で起こった場合の被害の予想を発表しました。

南海トラフは、静岡県の駿河湾から九州のプレートが接する境にあるトラフ（海底のみぞ）です。この南海トラフの一部や複数の地域で同時に地震が起こる場合があると考えられています。

2013（平成25）年5月に、政府の地震調査委員会は、南海トラフ地震が今後30年以内に起こる確率は60〜70％と発表しました。マグニチュード8以上の巨大地震で、強いゆれと大きな津波が予想されます。しかし、正確な時期は予測できません。被害を最小限にするため、どんな防災対策を、いつまでにとるかを計画するのは難しいことです。

東日本大震災でもたらされた、想定外の被害による教訓を生かすためにも、取り組まなくてはならない問題です。

家庭で災害に備える

いつ、どこで起こるかわからない地震に備えておけば、被害を少なくしたり、ひなんをスムーズにしたりできます。大切なのは、いつ、どこで大きな地震にあうかもしれないということを、つねに意識することです。

例えば今、家の中で地震にあったら、どこが危険か点検してみましょう。たおれてきそうな家具があれば止めておく、にげ道に危険なガラス製品などがあれば移動するなどしましょう。

持ち運びできるラジオと、どの部屋にもかい中電とうを用意しておくようにしましょう。

寝室には、ねているときに地震が起こった場合を考えて、頭の上にものが落ちてこないように家具やものを置くようにします。また、にげるときのために、そばに運動ぐつを用意しておくとよいでしょう。

ひなんするときに持ち出す非常持ち出し用ふくろを準備しておくことも大切です。水や食料は、家族の人数分、しばらく手に入らなくてもまかなえるよう用意しておくとよいでしょう。

外出先の宿泊施設、スーパーやデパート、映画館などでは、あらかじめひなん路を確認する習慣を身につけておきましょう。

家族が学校や会社、外出先などにいる場合の連絡方法やひなん場所も、話し合って決めておきましょう。

関東地方に大地震が来たら…？

人口の多い関東地方で大きな地震が起こったときの被害が予想されています。

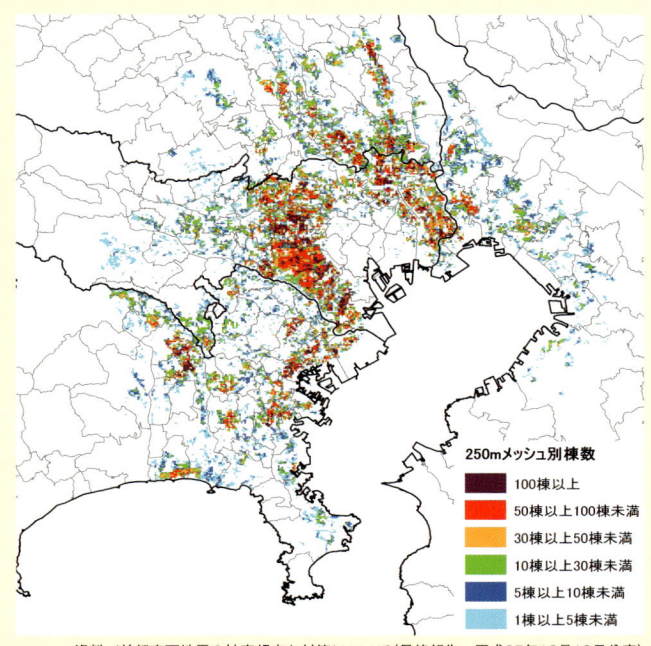

凡例
- 震度7
- 震度6強
- 震度6弱
- 震度5強
- 震度5弱
- 震度4以下

250mメッシュ別棟数
- 100棟以上
- 50棟以上100棟未満
- 30棟以上50棟未満
- 10棟以上30棟未満
- 5棟以上10棟未満
- 1棟以上5棟未満

資料／首都直下地震の被害想定と対策について（最終報告　平成25年12月19日公表）

予想される被害

■死者（建物の下じきになったり、火災に巻きこまれたりして亡くなる人）
約2万3000人

■負傷者（けがをする人）　約12万3000人

■帰宅困難者（職場など、外出先から帰れなくなる人）　約650万〜約800万人

資料／首都直下地震の被害想定と対策について
（最終報告　平成25年12月19日公表）

たおれる建物　約17万5000棟
焼失する建物　約43万棟

地震に備えよう

地震はいつ、どこで起こるかもしれません。日ごろから、地震に備えておきましょう。

自分の身を守る

何よりも大事なことは、自分の身を守ること。落ち着いて行動しよう。

すばやく火を消す

しばらくしてゆれがおさまったら、ガスこんろなどの火を消す。

ひなんできるルートを確保

にげ出すためのドアや窓を開ける。飛び散ったガラスなどに注意する。

ひなん所へ行く

家がたおれるおそれがある場合は、ひなん所へ行く。ブロックべいや切れた電線などに気をつける。

津波などに注意

海の近くでは、津波が発生するおそれがあるので、高い場所ににげる。

連絡方法を話し合っておく

家族で連絡がとれなくなった場合に、どうするか、相談して決めておく。

東京でオリンピックが開かれると何が変わるの？

2020年の東京オリンピック・パラリンピックに向け、日本全体でいろいろな取り組みが行われています。どのように変わっていくのでしょうか。

オリンピックを行う意義は？

2020年夏、オリンピック・パラリンピックが、東京で開かれます。東京では、1964(昭和39)年にもオリンピックが行われています。同じ都市で2度のオリンピックが行われるのは、アジアでは初めてです。

オリンピックは、古代ギリシアで4年ごとに行われていた競技会をお手本に、1896年に始められたスポーツ大会です。現在は、夏季と冬季の大会が行われています。

近代オリンピックを開くのに力をつくしたフランスのクーベルタンは、古代オリンピックが戦争のさなかでも戦争を中断して行われていたことに心を打たれ、オリンピックを平和を象徴する大会にしたいと願っていました。

しかし、その思いがかなわず、戦争で中止になったこともあります。また、開催国の力を世界に見せつけることや、国と国の争いのかけひきに利用されたこともありました。

近年のオリンピックは、平和の祭典としての役割をはたしています。2012(平成24)年夏のロンドンオリンピックには、204の国・地域が参加しました。このように、オリンピックは、世界最大のスポーツ大会として発展しています。

日本から世界へ発信する

オリンピックを開くことには、開催国の力を世界に印象づける意味合いもあります。大きな大会を開くには、多くの費用を使い、計画を立て、実行する能力が必要だからです。

1964(昭和39)年の東京オリンピックは、1945(昭和20)年に、日本が戦争で負けてから19年後に開かれました。戦争で大きな痛手を受けた日本が、わずか19年でオリンピックを開けるほどの国になったことは、世界の人々をおどろかせました。東京オリンピックを開催したことで、日本は世界の一員としてあらためて認められたと言ってもよいでしょう。

2020年の東京オリンピックでは、世界に向けて「未来(あした)をつかもう！」というスローガンが発信されています。そして、すべての日本人が、世界からやってくる人々を最高のおもてなしでむかえ入れること、世界の人々が、人種や肌の色、性別など、あらゆる面でのちがいを受け入れ、認め合うことの大切さを考えるきっかけとなるような大会にすること、前回の大会から成長した日本が、世界に向けて前向きな変化をうながし、それを未来につなげていくこと。これらを柱とした準備が進められます。

めざせ！
東京オリンピック

TOKYO 2020

ひゃあ。
だめだ。

別の種目にしよう。

まだ種目は
たくさん
あるし！

これもだめだ。

じゃあこれなら…。

よし！
ボランティアで参加しよう。

参加することに
意義がある！

過去の東京オリンピックと二度目の東京オリンピック

1964年 東京オリンピック

アジアでは初めてのオリンピックでした。日本が敗戦の痛手から立ち直ったことを世界にアピールしました。

開会式での日本選手団の行進。
写真：フォート・キシモト/時事通信フォト

2020年 東京オリンピック・パラリンピック

写真：AFP＝時事

最高のおもてなしでむかえることを約束しています。

2020年のオリンピックが東京で開催されることが決まった瞬間。

オリンピックマークの色でライトアップされた東京都庁。

写真:PIXTA

まぼろしの東京オリンピック

1940（昭和15）年にも、東京でのオリンピック開催が決まっていましたが、日本は中国との戦争が激しくなったために返上しました。

1940年に予定されていた東京オリンピックのポスター。
写真：Bridgeman Images/アフロ

オリンピックにかかる費用は？

地下鉄や道路の整備が行われることもあり、多くの費用がかかります。2008（平成20）年の北京オリンピックでは、約4兆3000億円がかかっています。しかし、テレビ放映権などで、それを上回る収入があるのがふつうです。

スポーツ庁ができる

東京でのオリンピック・パラリンピックの開催が決まったことで、国のスポーツへの取り組みが整理されることになりました。これまでは、スポーツに関する政策を取りまとめる役所はありませんでしたが、2015（平成27）年10月1日に、文部科学省の中に、**スポーツ庁**ができました。

スポーツ庁では、東京オリンピックに向けて選手の力を高めること、オリンピック・パラリンピックの準備のほか、広く国民がスポーツに親しみ、健康を保つことができる環境づくりなどに取り組みます。

東京オリンピックでは、およそ30個の金メダルをとることを目標とし、新しい才能を発見し、強化費をうまく使って、選手の力をのばす試みが行われます。

東京都は教育推進校を指定

東京都は、多くの人がオリンピックを身近に感じられるためのはたらきかけをしています。

その1つとして、幼稚園から高校までの学校のうち600校を、オリンピック・パラリンピック**教育推進校**に指定しています。この学校では、子どもたちがオリンピックやパラリンピックの歴史と意味を知り、参加国について学びます。そのことで、国際理解を深め、平和な社会づくりの手助けをすることが期待されています。オリンピックを通して世界を学び、世界の中での日本を意識するよい機会にもなるでしょう。

スムーズな移動のための交通整備

東京オリンピックで使う競技場の多くが、東京の半径8km以内に集中しています。選手や関係者、世界各国からやって来た多くの観客が、短い時間で移動できるようにするため、コンパクトな大会をめざしています。しかし、そのためには、交通渋滞をなくすことが必要です。

そこで、東京都を中心とした首都圏を取り巻くように、3つの道路が建設されます。これらの道路が完成すると、東京の都心部へ入ってくる車が減り、交通渋滞が少なくなると予測されています。この計画は、東京オリンピックの開催が決まる前から進められていましたが、2020年までの完成をめざして建設が早められています。

また、東京の都心から、競技が行われる臨海地域まで、水素と酸素をエネルギーとする燃料電池を積んで走るバスを使った、バス高速輸送システム（BRT）をつくることが予定されています。BRTは、道路にバスの専用または優先レーンをつくり、運賃を停留所ではらったり、バスの床面と停留所の高さを同じにしたりするなど、バスの乗り降りをスムーズにする工夫をして、バスのおくれの原因を減らし、短時間で多くの人を輸送するシステムのことです。

鉄道では、東京都心部を走る山手線に新しい駅ができるなどの整備が計画されています。

オリンピックに向けて道路や交通機関などが整備され、より便利になると期待されます。

スポーツ庁ができる

2015年10月1日、文部科学省にスポーツ庁ができ、鈴木大地（1988年ソウルオリンピック水泳の金メダリスト）さんが初代長官になりました。

これまで、各省庁に分かれていたスポーツに関する仕事をまとめて、スムーズに進められるようにしたものです。

写真：文部科学省
スポーツ庁の前に立つ初代長官の鈴木大地さん。

スポーツ庁の構成

文部科学省
↓
スポーツ庁

参事官（スポーツ産業の発展などを担当）	参事官（スポーツを通じた地域おこしを支援）	政策課（全体の計画をまとめる）	オリンピック・パラリンピック課（2020年東京大会の準備などを行う）	国際課（国際大会を日本で開催するために活動する）	競技力向上課（選手強化のために施設の整備や支援を行う）	スポーツ健康推進課（スポーツを広め、国民の体力をのばす）

学校でもオリンピックを学ぶ

オリンピックが開催される東京では、子どもたちが、オリンピックや参加国のことをくわしく知る活動が行われています。

この活動によって、国際的な理解を深め、平和な社会をつくるための手助けになることが期待されています。

オリンピックで交通が便利に

オリンピック開催に向けて、交通が整備されます。環境のことも考えて計画が進められています。

道路の整備

東京を通りぬける自動車を減らすような道路網がつくられる。

バス高速輸送システム（BRT）の計画

乗り降りがスムーズで、環境にやさしいバスが走る交通システムが整備され、多くの人を運ぶことができます。

東京でオリンピックが開かれると何が変わるの？

バリアフリー化も進む

オリンピックに続いて、障がいのある人が参加するパラリンピックが開催されます。競技数は22で、オリンピックで使われる競技場とほぼ同じ競技場が使われます。パラリンピックが開催されている期間は、大勢の障がいのある人が東京を訪れることになると予想されます。そのため、障がいのある人が負担を感じない施設や設備が求められます。

高齢者や障がいのある人が、負担を感じないような状態を、**バリアフリー**と言います。例えば、車いすの人のために段差をなくすことや、目の不自由な人のために点字ブロックをつけることなどが、バリアフリーにあたります。

バリアフリー化については、「バリアフリー法」によって、全国で進められています。しかし、パラリンピックの開催が決定したことで、首都圏では、2020年までに完成させること、また、より高いレベルのバリアフリー化を進めることになりました。

これにより、駅にエレベーターを設置することや、目の不自由な人が駅のホームから転落しないように、ホームドアをつけることなどが進められます。道路では、点字ブロックや、階段横のスロープの設置などが行われます。

心のバリアフリーが必要

設備としてのバリアフリー化だけではじゅうぶんではありません。点字ブロックの上に自転車を止めたり、エレベーターで障がい者を優先させなかったりといったマナー違反が見られるからです。障がいのある人の立場になって考えることでおたがいの理解を深め、困った人を見たときには手助けをするという、心のバリアフリーがもっと広まらなければなりません。

心のバリアフリーを広めるために、国はバリアフリー教室を各地で開いています。そこでは、車いすサポート体験や、目の不自由な人のサポート体験など、貴重な経験ができます。機会があれば、ぜひ参加してください。

ボランティアとして参加も

オリンピックは、多くの人たちに支えられて開催されます。特に、**ボランティア**の力は欠かせません。東京オリンピックでは、約8万人ものボランティアが募集される予定です。

ボランティアは、さまざまな場面でオリンピックを支えます。

例えば通訳があります。大会運営や会議での通訳という重大な役割から、外国人に目的地までの行き方を伝えるガイドの役割もする通訳まで、さまざまな通訳があります。

そのほか、警備員や運転手、選手がとまる選手村でのスタッフなど、さまざまなボランティアがあります。資格や年齢制限などの条件もありますが、自分にできることを探してみるとよいかもしれません。

オリンピックという大きなイベントに、それぞれが自分なりの方法で関わることが、すばらしい経験になることでしょう。

バリアフリー化が進む

バリアフリーは、高齢者や障がいのある人がスムーズに行動できる状態のことです。街の道路や駅、公共の建物などには、さまざまなバリアフリーの工夫が取り入れられています。今後、ますます整備されていくでしょう。

点字ブロック

目の不自由な人のために、地面にもり上がったパネルをしいて、歩行の助けにする。

写真:PIXTA

駅のホームドア

目の不自由な人があやまってホームから線路に落ちないように、電車が来たときだけ開くドアを設置する。

写真:PIXTA

階段横のスロープ

車いすを利用する人が、段差をこえなくてもいいようにつくられた坂。

写真:PIXTA

心のバリアフリーを進めよう

点字ブロックの上に自転車を止めたり、荷物を置いたりしない。

エレベーターは、障がいを持つ人や、赤ちゃんづれの人などを優先する。

困った人を見かけたら、「何かお困りですか」と声をかける。

ボランティアでオリンピックに参加しよう

通訳

大会での通訳のほか、外国から来る人々のために、道案内をしたり、切符の買い方を説明したりする。

会場の案内や警備

会場で、観客の誘導や案内をするほか、会場の警備をする。

選手村のスタッフ

選手が利用する選手村のそうじや、備品の用意、片づけなどの仕事をする。

そうじ

競技場やその周辺、観客席などのそうじをする。

将来、交通は どう変わるの？

しょうらい　こうつう

か

鉄道、道路、飛行機など、さまざまな交通機関があります。交通や乗り物は、ますます便利になることが予想されています。

高速で安全な新幹線

明治時代の初めに蒸気機関車が走り始めてから、全国に鉄道が引かれ、多くの人やものを運んできました。列車は、蒸気機関車から電車やディーゼル車に代わり、より速く安全な交通の1つとして発達してきました。

1964（昭和39）年に登場した新幹線は、優れた技術により、世界にほこる鉄道として、営業距離をのばしてきました。

最初にできたのは、東京－新大阪間を結ぶ東海道新幹線で、最高速度は時速210kmという、当時としては世界最速のものでした。

その後、新大阪から福岡県の博多までのびる山陽新幹線に加え、東北新幹線、上越新幹線、長野新幹線、九州新幹線などが引かれ、2015年には、長野新幹線を延長した北陸新幹線が開通しました。

さらに、2016年春には、本州と北海道の函館を結ぶ北海道新幹線が開通します。

この間、新幹線の車両にも改良が加えられ、2015年現在で、最高速度は時速320kmになっています。

また、安全性も高く、開業以来50年以上にわたって、列車やシステムを原因とする死亡事故は一度も起こしていません。

高速で安全な新幹線の技術は、世界でも高く評価されています。2007（平成17）年には、台湾に新幹線の技術をもとにした台湾高速鉄道が引かれました。

これからも、新幹線は、日本の主要な鉄道の1つとして発展していくでしょう。

超高速のリニアモーターカー

新幹線をこえる時速500kmという速度での営業が計画されているのが、リニアモーターカーによるリニア中央新幹線です。

リニアモーターカーというのは、これまでの車輪で走る列車とは方式がちがい、電磁石の力でうき上がって進む列車です。車輪と線路の間のまさつがないので、速く走れるのです。

リニアモーターカーの研究は、1962（昭和37）年に始まり、さまざまな改良により、実用化に近づいてきました。

2027年に、まず東京（品川）－名古屋で開業し、2045年には大阪までのびる予定です。リニア中央新幹線が開通すると、東京（品川）－大阪間はわずか67分で結ばれます。

日本の技術力を生かした鉄道が進歩することにより、交通はますます便利になるでしょう。

飛行機や新幹線が便利になったなあ。

リゾートへ ひとっ飛び！ 格安チケット 空の旅

東京⇔大阪 2時間半！ 新幹線で！

目的地まで、速く行けるようになったし…。

出張もラクになったんだよ

じゃあ夏休みにどこか行こうよ！

いいね〜。飛行機か新幹線かどっちがいい？

うーん。

そうだなー。

迷うなあ。

どっちもすてがたい…

決断は、速くないなあ。

のびる新幹線もう

1964年に東海道新幹線が開通して以来、新幹線は各地にのびていきました。

— 営業中
--- 建設中・予定

2015年末

北海道新幹線 札幌 新函館北斗

秋田新幹線 新青森 東北新幹線 秋田 新庄 盛岡

山形新幹線 山形 仙台

九州新幹線（長崎ルート） 上越新幹線 北陸新幹線 新潟 福島

山陽新幹線 金沢 長野 大宮

広島 敦賀 高崎 東京

博多 京都 新横浜

新鳥栖 新大阪 名古屋 東海道新幹線

長崎 九州新幹線（鹿児島ルート） リニア中央新幹線

鹿児島中央 0 200km

2016年開通の北海道新幹線の車両。

写真：北海道旅客鉄道

2015年開通の北陸新幹線の車両。

写真：西日本旅客鉄道

リニア中央新幹線

2027年、東京ー名古屋での開業をめざして、リニア中央新幹線が進められています。

リニアモーターカー。

写真／東海旅客鉄道

名古屋 中津川 飯田 甲府 相模原 東京

大阪 東海道新幹線

0 50km

リニア中央新幹線の予定ルート。

将来しょうらい、交通こうつうはどう変かわるの？

環境かんきょうにやさしい自動車じどうしゃの開発かいはつ

道路どうろを走はしる自動車じどうしゃは、鉄道てつどうと並ならんで重要じゅうような交通つうき機関かんです。

自動車じどうしゃは、長ながい間あいだ、ガソリンを燃もやして走はしるガソリン車しゃがほとんどでした。しかし、ガソリンを燃もやすと、地球温暖化ちきゅうおんだんかにつながる二酸化炭素にさんかたんそが出でてしまいます。そのほかにも、ちっ素酸そさん化物かぶつやいおう酸化物さんかぶつなど、環境かんきょうによくない物質ぶっしつを出だします。

そこで、近年きんねんは、環境かんきょうにやさしいエコカーの開発かいはつが進すすみ、その利用者りようしゃが増ふえています。エコカーは、二酸化炭素にさんかたんそを出ださないか、出だしたとしても、ガソリン車しゃに比くらべるとかなり少すくない自動車じどうしゃをさします。

エコカーの1つに、電気自動車でんきじどうしゃ(EV)があります。ガソリンで動うごくエンジンの代かわりに、電気でんきで動うごく電池でんち(バッテリー)を積つみ、モーターで走はしります。二酸化炭素にさんかたんそは、まったく出でません。

電気自動車でんきじどうしゃは、19世紀せいきからあった歴史れきしの古ふるい自動車じどうしゃですが、電池でんちが重おもいことや、一度いちどに長ながいきょりを走はしれないこと、充電じゅうでんに時間じかんがかかることなどから、なかなか広ひろがりませんでした。最近さいきんになって、軽かるくて性能せいのうのよい電池でんちが開発かいはつされ、長ながいきょりを走はしることもできるようになってきたため、電気自動車でんきじどうしゃの開発かいはつに力ちからを入いれる自動車じどうしゃメーカーも増ふえています。現在げんざいは、まだ値段ねだんが高たかいのですが、今後こんご電気自動車でんきじどうしゃが増ふえれば1台だいあたりにかかる費用ひようが下さがり、ますます増ふえていくと思おもわれます。

電池でんちとエンジンを組くみ合あわせ、走はしる場所ばしょや速度おうじて使つかい分わける自動車じどうしゃを、ハイブリッド車しゃ(HV)と言いいます。発進はっしんのときはモーターを使つかい、力ちからが必要ひつようなときはエンジンに切きりかえるなどの使つかい分わけをし、エネルギーを効率こうりつよく使つかう工夫くふうがされています。

ハイブリッド車しゃの中なかには、コンセントから電池でんちに充電じゅうでんでき、その電気でんきを、家いえや外出先がいしゅつさきなどで使つかうことのできるプラグインハイブリッド車しゃ(PHV・PHEV)もあります。

電気自動車でんきじどうしゃもハイブリッド車しゃも、充電じゅうでんする電気でんきを、太陽光たいようこうなどの再生可能さいせいかのうエネルギーでまかなえば、さらに地球環境ちきゅうかんきょうのためになります。

充電じゅうでんするための充電じゅうでんステーションも、各地かくちにつくられています。電気でんきを利用りようする自動車じどうしゃは、さらに利用りようしやすくなるでしょう。

エコカーを広ひろめるために

エンジンの代かわりに、燃料電池ねんりょうでんちでつくった電気でんきを使つかって走はしる自動車じどうしゃを、燃料電池自動車ねんりょうでんちじどうしゃ(FCV)といいます。

燃料電池ねんりょうでんちは、水素すいそと酸素さんそという気体きたいを反応はんのうさせるときに電気でんきができることを利用りようした発電装置はつでんそうちです。水素すいそタンクを積つみ、酸素さんそは空気中くうきちゅうからまかないます。電気でんきができるときに出でるのは水みずだけで、二酸化炭素にさんかたんそは出だしません。実用化じつようかが進すすみ、今後こんごさらに改良かいりょうされていくでしょう。

エコカーを広ひろめるために、エコカーを買かうと国くにからお金かねが出でる補助金制度ほじょきんせいどなどがあります。また、外国がいこくでは、自動車じどうしゃメーカーに対たいして、製造せいぞうする自動車じどうしゃのうち、決きまった割合わりあいをエコカーにすることを義務ぎむづけている例れいもあります。

環境にやさしい自動車

二酸化炭素や、ちっ素酸化物、いおう酸化物などを出さない自動車の開発が進んでいます。

電気自動車

電池に電気を充電して走る。電気は、電気ステーションで充電するほか、家庭の電気を利用することもできる。

写真：日産自動車

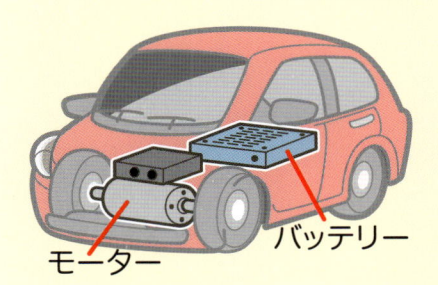

モーター　バッテリー

ハイブリッド車

電気とガソリンの両方を使い分ける。充電しておいた電気を家庭や、キャンプ場などで使うこともできて便利だ。

写真：三菱自動車工業

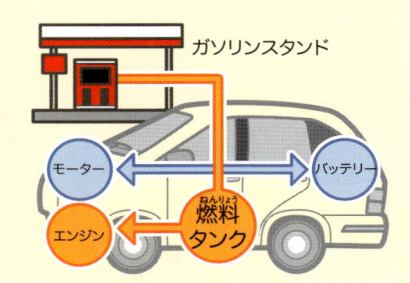

ガソリンスタンド
モーター　バッテリー
エンジン　燃料タンク

燃料電池自動車

水素と酸素から電気をつくる燃料電池の電気で走る。水しか出さない。

写真：トヨタ自動車

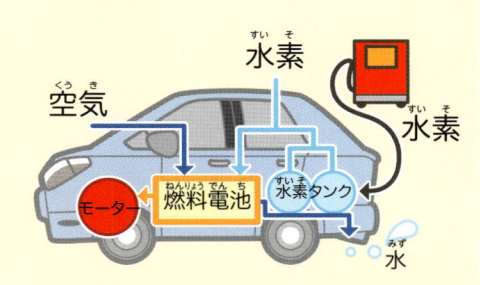

空気　水素
モーター　燃料電池　水素タンク　水素　水

エコカーのよいところ

環境にやさしい自動車は、エコカーと呼ばれます。エコカーには、さまざまなよい点があります。

排出ガスがない

ガソリンエンジンの自動車とちがって、排出ガスがないか、ほんのわずか。環境にやさしい。

そう音がない

エンジンがない電気自動車は、そう音がなく静か。歩行者が気づかない場合があるので、少し音を出すようにしている。

化石燃料を使わない

燃料として、化石燃料である石油（ガソリン）を使わないので、資源を有効に使うことになる。

より安全な走りのために

自動車による事故を減らすために、ほかのものにぶつかりそうになると、自動的に止まる自動車が開発されています。将来は、自動運転の自動車が登場するかもしれません。

写真：日産自動車

開発中の自動運転車。ハンドルを収納したまま走ることができる。

自動的に止まるしくみの例

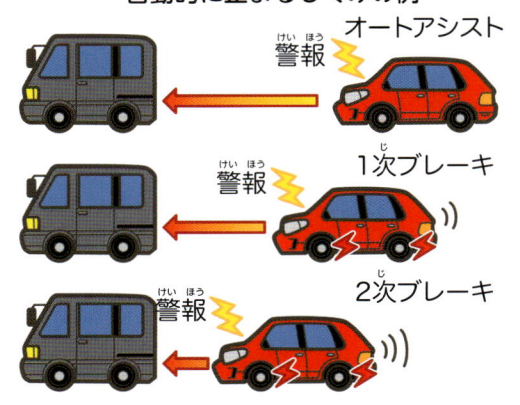

オートアシスト
警報

1次ブレーキ
警報

2次ブレーキ
警報

将来、交通はどう変わるの？

空の交通の発展

飛行機を始めとする航空機を利用した空の交通も発展しています。

日本では、1973年以来、国産の飛行機がつくられていません。第二次世界大戦で敗れたために、しばらく航空機の製造ができず、その間に世界の技術からおくれてしまったことが原因の1つです。

2015（平成27）年に、久しぶりに国産ジェット機として開発されたＭＲＪ（三菱リージョナルジェット）が、初飛行しました。ＭＲＪは、短いきょりを結ぶ小型ジェット旅客機で、軽い素材を使って燃料を効率よく使う工夫などが取り入れられています。2015（平成27）年で、400機をこえる注文を受けており、今後、世界へ広がることが期待されます。

日本の空の玄関とも言える成田国際空港（千葉県）は、出発や到着する航空機の数が増えるのに合わせて滑走路やターミナルを増やしてきました。いっぽう、羽田空港（東京国際空港、東京都）は、国内線の利用が中心ですが、最近は、国際線も増えています。今後も、それぞれの役割をはたしながら、空の交通を支えていくことでしょう。

2050年を見すえた交通ビジョン

鉄道や道路などの交通は、私たちの生活を支える大切な設備の1つです。人やものの移動に利用するだけでなく、地域と地域を結ぶ役割や災害が起こったときの支援や復興を支える役割も果たしています。

国土交通省では、2050年の日本の姿に合った国土づくりを想定した「国土のグランドデザイン2050」の中で、「コンパクト」と「ネットワーク」をキーワードとした将来の交通の姿をえがいています。

2050年に向けて、日本は人口が減り、高齢化が進むことが想定されています。また、国際化が進むことで、外国から日本を訪れるビジネスマンや観光客が増え、地方でも国際化を進める必要が出てきます。大地震などによる災害の心配もあります。

人口が減ることにより、地方都市の人口が減ると予想されますが、はなれている2都市の間での移動が、高速道路などですばやくできれば、2つの都市を合わせた規模の都市があるのと同じことになります。都市はコンパクトになっても、交通や通信によるネットワークによってカバーするねらいです。

また、リニア中央新幹線によって、大都市圏が短時間で結ばれます。リニア中央新幹線を、まるで地下鉄のように利用することで、結びつきの強い巨大都市がつくられます。

いっぽう、災害への心配から、首都圏への集中をさけることが望まれますが、交通の発達により、不便さをさけることができます。

今後、国土や国のようすの変化に合った交通の整備をしていくことが望まれます。

国産飛行機 MRJ

国産の飛行機として、MRJ（三菱リージョナルジェット）が開発されました。短いきょりを飛ぶ小型ジェット旅客機で、さまざまな工夫が取り入れられています。2015年11月に、初めての飛行テストが行われました。

MRJの初飛行。

MRJのコクピット（上）と、座席（下）。

写真：三菱航空機

デザインが話題の成田国際空港第3ターミナル

日本の代表的な国際空港の1つ成田空港は、利用する航空機の数が増えるのに合わせて、滑走路やターミナルを増やしてきました。

2015年に開業した第3ターミナルは、わかりやすいデザインが取り入れられていることで話題になっています。

成田国際空港第3ターミナルの案内表示。出発は青ライン、到着は赤ラインに沿って進む。

写真：PIXTA

社会の変化に合わせた交通

国土交通省の「国土のグランドデザイン2050」では、人口が減る日本で、交通機関の整備によって、はなれた都市のつながりを強くすることをめざしています。

A市　だんだん人口が減る　　B市　だんだん人口が減る

高速道路などで、行き来が短時間でできれば、2つの市を合わせた規模の都市と同じ。

日本にはどんな世界遺産があるの？

人類共通の財産として、ずっと受けついでいきたい世界遺産。実は世界遺産には、いくつかの種類があります。日本にはどんな世界遺産があるのでしょうか。

世界遺産ってどんなもの？

世界遺産が、日本にもいくつもあり、外国にもあることは知っているでしょう。

世界には、自然がつくったすばらしい地形があり、さまざまな生き物がくらしています。また、人類は、長い歩みの中で文化をつくってきました。このような、人類全体の遺産とも言える自然や文化を未来に受けついでいくため、1972（昭和47）年に、世界遺産条約が結ばれました。この条約に基づいて選ばれたのが世界遺産です。

世界遺産は、各国が国際連合のユネスコという機関の世界遺産委員会に推せんし、審査をして、世界遺産に登録するかどうかを決めます。

世界遺産には、文化遺産、自然遺産、複合遺産の3種類があります。文化遺産は、人類に共通するような価値を持つ建築物や遺跡など、自然遺産は、見た目が興味深いことや、学問的に価値がある地形や生物、美しい景色などを持つ地域が対象です。その両方にあたる複合遺産があります。

2015年現在、世界遺産は、163の国・地域に、文化遺産802件、自然遺産197件、複合遺産32件が登録されています。

世界遺産の中には、戦争の悲劇を物語る施設など、人類が行った悲しいできごとを残すものもあります。第二次世界大戦で、多くのユダヤ人が殺されたドイツのアウシュビッツや水素爆弾の実験が行われたビキニ環礁などがあります。これらは、「負の世界遺産」と呼ばれることもあります。広島の原爆ドームもその1つです。

世界遺産の中で、開発などの理由でなくなってしまうおそれがあるものは、危機遺産と呼ばれ、それを守る活動も行われています。

日本での世界遺産への関心

1978（昭和53）年、アメリカのイエローストーン国立公園、エクアドルのガラパゴス諸島などが、世界で初めて世界遺産に登録されました。

日本では、世界遺産条約を正式に認めるのがおくれたため、初めての世界遺産が誕生したのは、1993（平成5）年のことでした。それまでは、世界遺産はあまり知られていませんでしたが、日本にも世界遺産に登録される場所ができたことで関心が高まりました。

世界遺産に登録されることで、その場所が注目され、保護されることは望ましいことですが、訪れる人が多くなって、本来の姿がこわされてしまうという問題もあります。

いやあ。富士山は、美しいなあ。

立派だねー。

やっぱり世界遺産になるだけのことはあるな！

ということは…。

世界中の銭湯に富士山の絵がかかれるようになるかな？

う〜ん

世界遺産の種類

世界遺産には、文化遺産、自然遺産、複合遺産があります。その中には、「負の世界遺産」と呼ばれるものもあります。

文化遺産
人類に共通するような価値を持つ建築物や遺跡など。

自然遺産
見た目が興味深い、学問的に価値がある地形や生物、美しい景色など。

複合遺産
文化遺産と自然遺産の両方にあたるもの。

負の世界遺産
戦争の悲劇を物語る施設など、悲しいできごとを伝えるもの。

世界遺産に登録されるまで

各国が候補地のリストの中から世界遺産にふさわしいものを推せんし、ユネスコが登録するかどうかを決定します。

国内で候補のリストをつくる

その中から世界遺産にふさわしいものを推せんする

ユネスコ 世界遺産委員会

現地を調査する

世界遺産に登録するかどうかを話し合う

決定！

残念！

登録決定！

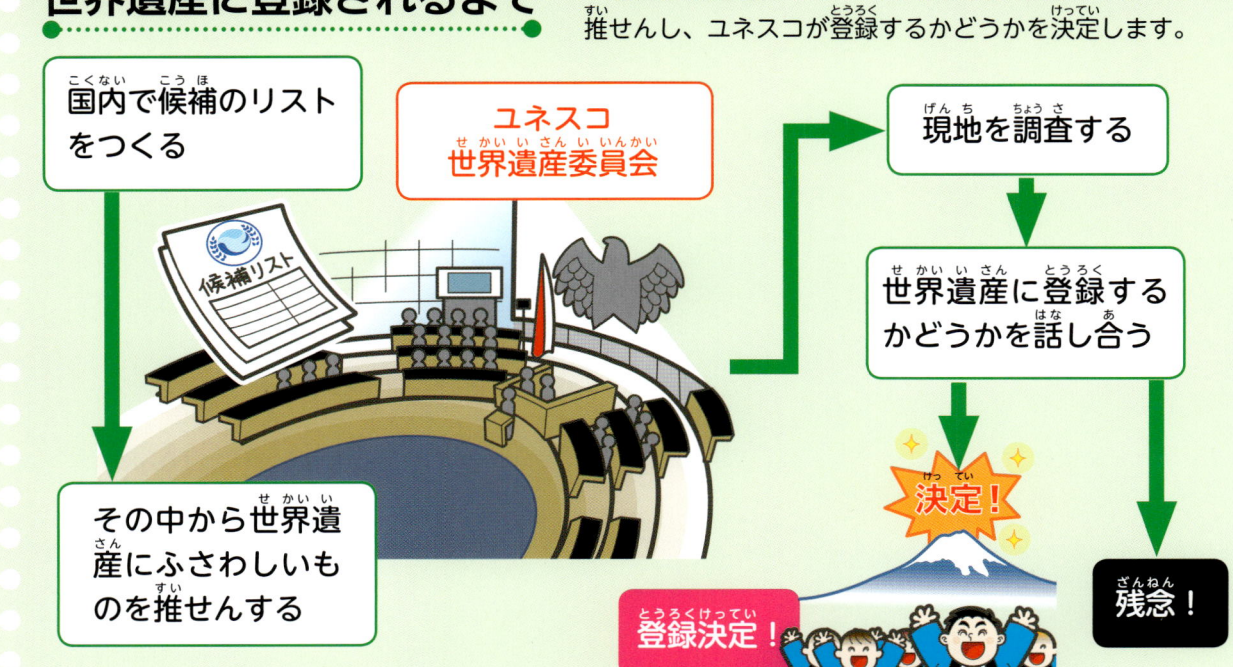

増えてきた日本の世界遺産

2015（平成27）年8月、日本の世界遺産は、文化遺産15件、自然遺産4件が登録されています。自然遺産と文化遺産2件ずつが初めて登録されたのは、1993（平成5）年でした。

このときの文化遺産は、屋久島（鹿児島県）と、白神山地（青森県・秋田県）でした。屋久島は2000m近い山があり、温かい地域の植物と寒い地域の植物がともに見られます。白神山地は世界最大級のブナ林が広がっています。

また、文化遺産は、ともに国宝にもなっている法隆寺地域の仏教建造物（奈良県）と、姫路城（兵庫県）でした。法隆寺は、世界で最も古い木造建築として知られています。姫路城は、約400年前に建てかえられた城です。

日本の世界遺産は、その後、じょじょに増えました。

2013（平成25）年には、「富士山－信仰の対象と芸術の源泉」が文化遺産として登録されました。富士山が自然遺産ではないのは不思議に思うかもしれません。富士山は登山客が多く、ごみなども多く見られることから、自然遺産ではなく、文化遺産として登録されたのです。

2015（平成27）年には、山口・福岡・佐賀・長崎県など8県にある「明治日本の産業革命遺産 製鉄・製鋼、造船、石炭産業」が、文化遺産として登録されました。19世紀後半から20世紀初めにかけて、日本が近代化をめざして造船や製鉄・製鋼などの重工業を発展させた歩みを象徴する建物や施設です。

世界遺産の候補地

世界遺産に認定・登録されるためには、まず、各国が候補をユネスコに推せんします。政府が推せんする予定の候補地は、まず仮のリストである暫定リストに入れられます。

2015年現在、日本の暫定リストには10件がのっています。1つの国が1年にユネスコに推せんできる数は2件までなので、暫定リストの中から順番に推せんしてくことになります。

2015年には、長崎の教会群とキリスト教関連遺産（長崎県）が文化遺産に推せんされ、2016年に審議されます。

もう1つ、2016年に審議される予定の国立西洋美術館（東京都）は、ル・コルビュジエという建築家が建てた建物です。ル・コルビュジエの建築は、ほかの国にもあり、フランスがまとめて推せんします。外国が推せんした建築が世界遺産になれば、日本では初めての例となります。

これ以外に暫定リストにのっているものは、2016年以降に推せんされ、2017年以降に審議される見こみです。しかし、推せんされたからと言って、必ず登録されるとは限りません。保護の状況などから、登録が見送られることもめずらしくありませんし、登録された後でも、状況が変われば登録を取り消されることもあるのです。

登録のニュースにふれて、一時的なブームのように関心を寄せるのでなく、世界遺産の本来の目的をふまえて、関心を寄せたいものです。

日本の世界遺産

2015年8月現在で、日本には、文化遺産が15件、自然遺産が4件登録されています。

②姫路城

③屋久島

①法隆寺地域の仏教建造物

⑲明治日本の産業革命遺産

⑬知床
④白神山地
⑭石見銀山
②姫路城
⑥白川郷
⑮平泉
⑦原爆ドーム
⑤京都
⑩日光
⑧厳島神社　萩
⑱富岡製糸場
佐賀　八幡
⑰富士山
長崎　韮山
三池
⑨奈良
鹿児島
⑫紀伊山地
①法隆寺
③屋久島
⑪琉球王国
⑯小笠原諸島

0　100km

④白神山地

⑤古都京都の文化財

⑥白川郷・五箇山の合掌造り集落

⑦原爆ドーム

⑧厳島神社

⑨古都奈良の文化財

⑩日光の社寺

⑪琉球王国のグスク及び関連遺産群

⑫紀伊山地の霊場と参詣道

⑬知床

⑭石見銀山遺跡とその文化的景観

⑮平泉—仏国土（浄土）を表す建築・庭園及び考古学的遺跡群—

⑯小笠原諸島

⑰富士山—信仰の対象と芸術の源泉

⑱富岡製糸場と絹産業遺産群

⑲明治日本の産業革命遺産　製鉄・製鋼、造船、石炭産業

写真:PIXTA

45

日本にはどんな世界遺産があるの？

無形文化遺産になった和食

世界遺産と並んで、ユネスコが登録し、保護が求められるものに、**無形文化遺産**があります。無形文化遺産は、音楽やおどりなどの芸能、社会で行われている慣習やしきたり、儀式、伝統工芸の技術など、形のないものから選ばれます。各国は、自分の国の無形文化遺産を守らなければなりません。

2015（平成27）年現在、日本には無形文化遺産が22件あります。2008（平成20）年に、能楽、人形浄瑠璃文楽、歌舞伎の3件が日本で最初に登録されました。

能楽は、伝統芸能の能と狂言をさします。能は、主に面をつけた役者が行う演劇、狂言は、こっけいな内容の短い劇です。人形浄瑠璃文楽は、せりふなどを語る太夫、音楽をかなでる三味線方、そして人形が一体となった芸能です。江戸時代に発展しました。歌舞伎は江戸時代初めから庶民の楽しみとして発展した芝居です。

このほかにも、音楽や祭り・行事、伝統工芸などが登録されています。

2013（平成25）年には、「和食；日本人の伝統的な食文化」が無形文化遺産に登録され、話題になりました。日本の豊かな自然から生まれた食に関する文化が、世界的にも価値があると認められたわけです。

和食が登録された理由は、さまざまな新鮮な食材を使って、その食材の持ち味を生かしていること、栄養バランスがよく健康的な食生活を支えていること、もりつけやかざりつけで自然の美しさや四季の移り変わりを表すこと、正月などの年中行事と深く関わっている点などが挙げられています。

日本の世界記憶遺産

古い文書など、記録された歴史的に価値のあるものを、最新技術で保存し、公開することを目的とした**ユネスコ記憶遺産**（世界記憶遺産）もあります。

2015（平成27）年現在、日本では5件が世界記憶遺産として登録されています。

1つは、2011（平成23）年に登録された、「山本作兵衛炭坑記録画・記録文書」です。福岡県筑豊地方の炭坑で働いていた山本作兵衛による、明治時代から昭和時代にかけての炭坑での生活の記録です。坑内外での仕事、施設・管理、縁起や風俗などを、絵と文章で解説しています。

2013（平成25）年には『御堂関白記』が登録されました。平安時代に大きな権力を持った藤原道長が20年以上にわたって書いた日記です。およそ1000年前に、藤原道長本人が書いた本が残っていることでも貴重です。

同じく2013（平成25）年には「慶長遣欧使節関係資料」が、世界記憶遺産に登録されています。17世紀初めに、仙台（宮城県）藩主の伊達政宗が、ヨーロッパにつかわした支倉常長らの使節団に関する資料です。

2015（平成27）年には、第二次世界大戦後にソ連に取り残された人の歴史を伝える「舞鶴への生還」、京都の東寺に伝わる「東寺百合文書」も登録されました。

日本の無形文化遺産

能楽

能と狂言を合わせて言う。能は面をつけて行う演劇のこと。狂言は、こっけいな内容の劇。

©公益社団法人能楽協会
「翁」宝生和英
撮影 神田佳明

和紙

コウゾ、ミツマタ、アサなどのせんいからつくる。無形文化遺産登録の和紙（3種）は、国産のコウゾだけを使っている。

写真：小川町教育委員会

和食

日本で手に入る材料を使い、日本ふうの調理方法でつくられる料理。季節が感じられるものが多い。

写真：PIXTA

日本の世界記憶遺産

2015（平成27）年現在、5件が登録されています。

「山本作兵衛炭坑記録画・記録文書」

明治時代から昭和時代にかけて、炭坑での仕事やくらしのようすを記録した絵画や日記。

©Yamamoto Family　所蔵：田川市石炭・歴史博物館

「慶長遣欧使節関係資料」

江戸時代の初めに、仙台からメキシコ、ヨーロッパへわたった使節に関する資料。

『御堂関白記』

御堂関白と呼ばれた平安時代の権力者である藤原道長自身が書きつづった日記。

所蔵：仙台市博物館

日本の宇宙開発はどこまで進んでいるの？

宇宙についての研究や、地球を観測する人工衛星を打ち上げたりすることを、宇宙開発と言います。日本は、宇宙で、どのようなことをしているのでしょうか。

日本の宇宙開発

　地球を回る宇宙ステーションでは、日本人の宇宙飛行士が活躍しています。また、日本の小惑星探査機「はやぶさ」が、長い旅からもどってきたときは、大きな注目をあびました。

　このように、日本は、世界の中でも宇宙開発の技術が進んでいます。

　世界初の人工衛星打ち上げは、1957（昭和32）年のことで、旧ソ連の「スプートニク1号」でした。宇宙開発をリードしたのは、旧ソ連とアメリカで、アメリカは、1969（昭和44）年にアポロ宇宙船で月に人を送りこみました。

　日本も宇宙開発を進め、1970（昭和45）年、日本初の人工衛星「おおすみ」の打ち上げに成功し、宇宙開発国に仲間入りしました。日本の宇宙開発の中心は、宇宙開発事業団（NASDA）でした。さまざまなロケットが開発され、地球を調べる人工衛星や太陽や火星などを調査する探査機を、たくさん打ち上げてきました。現在、日本の宇宙開発は、NASDAなどの3つの組織が2003（平成15）年に1つになった宇宙航空研究開発機構（JAXA）が進めています。宇宙航空分野の基礎的な研究・開発から利用までを担っています。

宇宙開発の目的は？

　JAXAは、人工衛星を使った地球の調査や、天体や宇宙の調査・研究、宇宙での実験などを行っています。

　人工衛星で調べた地球の海や陸のデータは、地図をつくったり、災害の様子を調べたり、資源を調査したりするのに役立っています。また、人工衛星のおかげで、衛星放送や天気予報、カーナビなどが利用できます。

　また、太陽系の惑星やその衛星、小惑星などの調査が進めば、地球の始まりや生命が生まれたなぞを解く手がかりになると考えられます。

　宇宙の環境では、地球上ではできない実験もできます。地上では、ものを下にひっぱる力がはたらきますが、宇宙ではその力がはたらかないので、混ざりにくい物質を結びつけ、新しい素材や薬品をつくる試みもあります。宇宙の環境が、人や小動物、植物にどのような影響があるかも調べます。宇宙飛行士がこれらの実験を行い、数々の実績を残してきました。

　1992（平成4）年、日本で初めてアメリカのスペースシャトルに乗った毛利衛宇宙飛行士を始め、JAXAが認定した日本人宇宙飛行士は、これまでに11人です（2015年現在）。

日本の宇宙開発の歩み

年代	できごと
1955年	ペンシルロケットの水平発射試験を実施 日本のロケット開発の始まり ペンシルロケットの全長は23cm
1970年	日本初の人工衛星「おおすみ」打ち上げ
1981年	太陽フレア観測衛星「ひのとり」打ち上げ 日本最初の太陽観測衛星
1992年	毛利衛宇宙飛行士がスペースシャトルで宇宙へ
2001年	H-ⅡAロケット打ち上げ
2003年	小惑星探査機「はやぶさ」打ち上げ
2008年	「きぼう」日本実験棟の設置開始（2009年完成）
2009年	H-ⅡBロケット打ち上げ。最初の「こうのとり」がISSへ飛行 若田光一宇宙飛行士が日本人初のISS長期滞在（約4か月）を完了
2010年	「はやぶさ」が採取したサンプルの入ったカプセルが地球に帰還
2013年	イプシロンロケット打ち上げ
2014年	若田光一宇宙飛行士がISS船長に就任 小惑星探査機「はやぶさ2」打ち上げ
2015年	油井亀美也宇宙飛行士がISS長期滞在
2016年	大西卓哉宇宙飛行士がISS長期滞在（予定）
2017年	金井宣茂宇宙飛行士がISS長期滞在（予定）

ペンシルロケット

おおすみ

ひのとり

毛利衛宇宙飛行士

H-ⅡAロケット

はやぶさ

「きぼう」日本実験棟

こうのとり

イプシロンロケット

油井亀美也宇宙飛行士

金井宣茂宇宙飛行士

写真：JAXA、JAXA/NASA、JAXA/JOE NISHIZAWA、JAXA/GCTC

新型ロケット「イプシロン」

　日本の主力となるロケットは大型のH-ⅡA型です。地球を回る人工衛星は、ロケットで打ち上げられますが、H-ⅡA型ロケットでは、2t級以上の人工衛星が打ち上げられます。

　「イプシロン」という新型ロケットの開発も進んでいます。全長24.4m、直径2.6mと小型で、火薬のような固体燃料を使って打ち上げます。1.2tほど重さの人工衛星を打ち上げることができます。

　「イプシロン」の特ちょうは、構造が簡単なこと、機体の点検を自動でできることです。こうしたしくみにより、打ち上げにかかる期間や費用を減らせるのです。今後、小型衛星の打ち上げなどでの利用が期待されます。

国際宇宙ステーションと「こうのとり」

　世界15の国・機関が共同で開発を進め、宇宙に建設した実験施設「国際宇宙ステーション（ISS）」は、2011（平成23）年に完成しました。

　2015（平成27）年までに、5人の日本人宇宙飛行士が滞在しました。若田光一宇宙飛行士は、2013（平成25）年からのミッションで、約半年間、ISSで活動しました。後半は日本人初のISS船長になり、任務を成功へと導きました。

　日本が開発した実験棟「きぼう」は、船外活動をすることなく、機器や装置を船内と船外に行き来させられるエアロックやロボットアームなどの特長を生かして利用されています。

　日本が開発した無人の宇宙船「こうのとり」は、ISSへ物資を輸送します。2009（平成21）年の1号機以降、5号機まで安定した輸送を続けています。2015（平成27）年8月24日、油井亀美也宇宙飛行士が、ロボットアームを使ってISSへ5号機を結合させました。日本人では初めてのことでした。

太陽系誕生のなぞにせまる

　日本の宇宙開発の技術力の高さを証明したのが、小惑星探査機「はやぶさ」でした。

　太陽をめぐる軌道を回る天体を惑星と言います。そのうち、たいへん小さいものを、小惑星と言います。小惑星は、岩石や砂などでできていて、太陽系ができたころから、ほとんど変わっていないと考えられます。小惑星の物質を地球に持ち帰って調べると、太陽系ができたころのようすの手がかりが得られます。

　このような目的のために、2003（平成5）年5月に、「はやぶさ」が打ち上げられました。「はやぶさ」は、小惑星イトカワに向かいましたが、途中、エンジンの故障などのために、通信ができず、どこに行ったかわからなくなった時期もありました。しかし、このプロジェクトに関わる人々の努力によって、小惑星からの物質を持ち帰ることに成功したのです。地球にもどってきたのは、2010（平成22）年6月のことでした。

　2014（平成26）年12月には、同じように小惑星をめざす「はやぶさ2」が打ち上げられました。「はやぶさ2」は、小惑星Ryuguを探査し、2020年ごろに地球にもどる予定です。

国際宇宙ステーションに物資を運ぶ「こうのとり」

宇宙ステーション補給機「こうのとり」は、地球を回る国際宇宙ステーション（ISS）に水、食料、衣料や、実験や研究に必要なものを運びます。運んだ後は、いらなくなったものを積んで、大気に再突入して燃えつきます。

地上約400kmのところを回る国際宇宙ステーション。いろいろな実験が行われている。

物資を運んでいく「こうのとり」。

ISSにドッキングした「こうのとり」。

新型ロケット「イプシロン」の開発

「イプシロン」ロケットは、性能がよく、打ち上げにかかる費用が安くすむのが特長です。これまでのロケットは、第1段ロケットを発射台に立ててから打ち上げまでに約2か月かかりますが、イプシロンは、わずか1週間で打ち上げられます。

発射台に立てられた「イプシロン」ロケット。全長約24m、重さ91t。

はるかなる「はやぶさ」の旅

小惑星探査機「はやぶさ」は、地球から小惑星イトカワに向かい、その物質を持ち帰りました。さまざまな苦難を乗りこえての旅だったため、帰ってきたときは、大きな話題となり、「はやぶさ」をテーマにした映画もつくられました。

イトカワに近づく「はやぶさ」の想像図。

写真：JAXA、JAXA/NASA、JAXA/JOE NISHIZAWA　イラスト：池下章裕

日本人は、ノーベル賞を
たくさん受賞しているの？

世界で最も人類のために役立った人におくられるノーベル賞は、毎年だれがとるかが
話題になります。日本人はこれまでに、どれくらい受賞しているのでしょうか。

新薬を開発した大村教授

2015（平成27）年10月5日。日本の大村智北
里大学特別栄誉教授に、ノーベル医学・生理学
賞がおくられることが発表されました。

大村教授がノーベル賞を受賞したのは、イベ
ルメクチンという薬を開発したことに対してで
した。

熱帯の川の近くでは、オンコセルカ症という
病気にかかる人がいます。フィラリアという寄
生虫が、ブヨにさされることでヒトに感染する
病気で、激しいかゆみが起こり、目が見えなく
なってしまうこともあります。川の近くで起こ
るため、人々が近づかなくなり、農業にもえい
きょうが起こります。

イベルメクチンは、このオンコセルカ症に効
く薬です。牛や犬で大きな効果があることが確
かめられた後、ヒトにも使われるようになり、
これまでに10億人もの人々が使い、数十万人
の人が目が見えなくならずにすんだと考えられ
ています。

大村教授は、イベルメクチンを、土の中にす
んでいる細菌がつくる成分からつくり出しまし
た。この方法は、たくさんの土地からとってき
た土を調べることで見つかるものです。何千か

所の土を調べても見つからない場合もあります。
大村教授の成果は、長い年月をかけた地道な努
力が実を結んだものでした。

ニュートリノ研究の梶田教授

大村教授のノーベル賞受賞が発表された翌日
の10月6日、今度は、梶田隆章東京大学宇宙線
研究所長・教授にノーベル物理学賞がおくられ
ることが発表されました。受賞理由は、「ニュ
ートリノが質量をもつことを示すニュートリノ
振動の発見」というものです。

物質をつくっている最も小さいつぶを、素粒
子と言い、いくつか種類があります。ニュート
リノは、素粒子の一種です。

ニュートリノの正体を探るために、岐阜県に
スーパーカミオカンデという大きな装置がつく
られています。梶田教授は、スーパーカミオカ
ンデによるたくさんの観測データから、ニュー
トリノが、別のニュートリノに変わることを発
見しました。これは、ニュートリノに重さがあ
ることを証明することであり、物質の性質を知
るうえでたいへん重要な発見でした。

梶田教授の成果も、大村教授と同じように、
地味でしんぼう強い研究から生まれたものだっ
たのです。

イベルメクチンを開発した大村智教授

大村智教授は、オンコセルカ症という病気に効くイベルメクチンという薬を開発しました。大村教授は、薬をつくる微生物を探すため、各地の土を採取しました。

イベルメクチン開発につながったのは、静岡県伊東市にあるゴルフコースの近くの土だったそうです。

ノーベル賞受賞に喜ぶ大村智教授。

写真：時事

土 / 微生物を育てる / 候補を取り出す

熱帯病の治療が飛躍的に進化！

動物実験

ヒトで実験

ニュートリノの研究をした梶田隆章教授

梶田隆章教授は、ニュートリノという素粒子の研究をしてきました。

ニュートリノは、宇宙のしくみを明らかにする手がかりになる素粒子です。

岐阜県にある、スーパーカミオカンデという装置で観測したデータを分析し、ニュートリノに重さ（質量）があることの証拠を見つけました。

梶田隆章教授。

写真：時事

写真：東京大学宇宙線研究所 神岡宇宙素粒子研究施設

ニュートリノを観測するための装置、スーパーカミオカンデ。

日本人は、ノーベル賞をたくさん受賞しているの？

ノーベル賞はどんな賞？

ノーベル賞は、スウェーデンの化学者、アルフレッド・ノーベルの遺言によってつくられた賞です。ノーベルは、ダイナマイトを発明した人ですが、ダイナマイトが戦争で使われていることを悲しみ、ダイナマイトで得たお金を、人類のためにつくした人のために使ってほしいと、この賞をつくるよう言い残しました。

ノーベル賞には、物理学賞、化学賞、医学・生理学賞、文学賞、平和賞、経済学賞の6つの部門があり、それぞれ毎年1回、各部門3人までにおくられます。受賞者がどのように決まるかは受賞50年後まで公表されませんが、専門の選考委員が、多くの研究や作品の中から、最もふさわしいものを選ぶと言われています。何十年も前の研究に対しておくられることもあり、受賞するまでは、ほとんど知られていなかった人もいます。受賞者には、メダルと賞状、そして約1億円もの賞金がわたされます（同じ部門で2人以上いる場合は分けられます）。

日本は科学大国

第1回のノーベル賞がおくられたのは、1901（明治34）年、20世紀が始まった年のことです。

日本人で初めてノーベル賞を受賞したのは、1949（昭和24）年の湯川秀樹博士です。すべての物質をつくっている小さな原子をつくる陽子と中性子というつぶを、中間子というものがつないでいることを予測する研究に対して、ノーベル物理学賞がおくられました。

このころの日本は、戦争に敗れてから間もないころで、国民はじゅうぶんな食料もない中で、必死に生活をしていました。湯川博士のノーベル賞受賞は、国民の気分を明るくし、希望を持たせるものでした。

その後、1965（昭和40）年に朝永振一郎博士が物理学賞、1968（昭和43）年に川端康成が文学賞を受賞するなど、2015年までに、24人（アメリカ国籍の人をふくむ）が、ノーベル賞を受賞しています。このうち、2000年以降の受賞者は、16人です。2000〜2002年には、3年連続で受賞者が出ています。また、2008（平成20）年には化学賞と物理学賞の部門で4人が同時に受賞しています。

受賞者が24人というのは、アメリカ、イギリス、ドイツなどについで、世界第7位です（2015年現在）。アジアでは第1位です。物理学賞、化学賞、医学・生理学賞の自然科学分野に限ると、第5位です。また、21世紀になってからの自然科学分野では、アメリカについで、第2位です。このような数字を見ると、日本は、世界でも自然科学の研究が進んだ国ということができるでしょう。

科学の分野で成果を上げるには、基礎的な研究をねばり強く続けることが大切です。すぐに利益につながらない研究であっても、宇宙のしくみを明らかにするために必要な研究があります。日本は、明治時代以来、科学の研究に力を入れ、多くの研究者が地道な研究を続けてきました。それが多くのノーベル賞受賞につながっていることはほこらしいことです。

日本人のノーベル賞受賞者

年	部門	受賞者	受賞理由
1949	物理学賞	湯川 秀樹	中間子の存在の予想
1965	物理学賞	朝永 振一郎	量子電気力学分野での基礎的研究
1968	文学賞	川端 康成	日本人の心情の本質を描いた、非常に繊細な表現による叙述の卓越さ
1973	物理学賞	江崎 玲於奈	半導体におけるトンネル効果の実験的発見
1974	平和賞	佐藤 栄作	非核三原則の提唱
1981	化学賞	福井 謙一	化学反応過程の理論的研究
1987	生理学・医学賞	利根川 進	多様な抗体を生成する遺伝的原理の解明
1994	文学賞	大江 健三郎	詩的な言語を用いて現実と神話の混交する世界を創造し、窮地にある現代人の姿を、見る者を当惑させるような絵図に描いた功績
2000	化学賞	白川 英樹	導電性高分子の発見と発展
2001	化学賞	野依 良治	キラル触媒による不斉反応の研究
2002	物理学賞	小柴 昌俊	天体物理学、特に宇宙ニュートリノの検出に対するパイオニア的貢献
	化学賞	田中 耕一	生体高分子の同定および構造解析のための手法の開発
2008	物理学賞	南部 陽一郎	素粒子物理学における自発的対称性の破れの発見
	物理学賞	小林 誠	小林・益川理論とCP対称性の破れの起源の発見による素粒子物理学への貢献
	物理学賞	益川 敏英	小林・益川理論とCP対称性の破れの起源の発見による素粒子物理学への貢献
	化学賞	下村 脩	緑色蛍光タンパク質 (GFP) の発見と生命科学への貢献
2010	化学賞	鈴木 章	有機合成におけるパラジウム触媒クロスカップリングの開発
	化学賞	根岸 英一	有機合成におけるパラジウム触媒クロスカップリングの開発
2012	生理学・医学賞	山中 伸弥	成熟細胞が、初期化され多能性を獲得し得ることの発見
2014	物理学賞	赤﨑 勇	高輝度で省電力の白色光源を可能にした青色発光ダイオードの発明
	物理学賞	天野 浩	高輝度で省電力の白色光源を可能にした青色発光ダイオードの発明
	物理学賞	中村 修二	高輝度で省電力の白色光源を可能にした青色発光ダイオードの発明
2015	生理学・医学賞	大村 智	線虫の寄生によって引き起こされる感染症に対する新たな治療法に関する発見
	物理学賞	梶田 隆章	ニュートリノが質量を持つことを示すニュートリノ振動の発見

ノーベル文学賞の授賞式に臨む川端康成。

写真：SCANPIX/時事通信フォト

2002年に、そろってノーベル賞を受賞した、物理学賞の小柴昌俊さん（左）と、化学賞の田中耕一さん（右）。

写真：時事

さくいん

●改訂版！はてな？なぜかしら？日本の問題　〈全3巻〉

監修　池上彰

1950年、長野県生まれ。大学卒業後、NHKに記者として入局する。社会部などで活躍し、事件、災害、消費者問題などを担当し、教育問題やエイズ問題のNHK特集にもたずさわる。1994年4月からは、「週刊こどもニュース」のおとうさん役兼編集長を務め、わかりやすい解説で人気となった。2012年から東京工業大学教授。
おもな著書に、『一気にわかる！池上彰の世界情勢 2016』（毎日新聞出版）、『池上彰の世界の見方』（小学館）、『大世界史』（文藝春秋）、『池上彰の戦争を考える』（KADOKAWA）がある。

●編集協力
　有限会社大悠社

●表紙デザイン・アートディレクション
　京田クリエーション

●本文デザイン
　木村ミユキ

●イラスト
　森永みぐ
　あすみきり
　渡辺潔

●図版
　アトリエ・プラン

●表紙写真
　PIXTA

改訂版！はてな？なぜかしら？日本の問題
3巻　改訂版！はてな？なぜかしら？文化・科学問題

2016年4月1日　　初版発行

発行者　　升川秀雄
編集　　　松田幸子
発行所　　株式会社教育画劇
　　　　　〒151-0051　東京都渋谷区千駄ヶ谷 5-17-15
　　　　　TEL：03-3341-3400　FAX：03-3341-8365
　　　　　http://www.kyouikugageki.co.jp
印刷・製本　大日本印刷株式会社

56P 297×210mm　NDC817 ISBN 978-4-7746-2054-1
Published by Kyouikugageki, inc., Printed in Japan

改訂版！ はてな？ なぜかしら？ 日本の問題シリーズ

①改訂版！ はてな？ なぜかしら？
政治・経済問題

②改訂版！ はてな？ なぜかしら？
社会・教育問題

③改訂版！ はてな？ なぜかしら？
文化・科学問題